DIETMAR WILLOWEIT

Abgrenzung und rechtliche Relevanz
nicht rechtsgeschäftlicher Vereinbarungen

Schriften zur Rechtstheorie

Heft 19

Abgrenzung und rechtliche Relevanz
nicht rechtsgeschäftlicher Vereinbarungen

Von

Dr. jur. Dietmar Willoweit

DUNCKER & HUMBLOT / BERLIN

Alle Rechte vorbehalten
© 1969 Duncker & Humblot, Berlin 41
Gedruckt 1969 bei Buchdruckerei Bruno Luck, Berlin 65
Printed in Germany

Vorbemerkung

Mit der vorliegenden Schrift wird der Versuch unternommen, einen zentralen Teil der Rechtsgeschäftslehre auf eine tragfähige rechtsdogmatische Basis zurückzuführen. Dabei soll weniger eine vollständige Systematik des umfangreichen Stoffes geboten, als ein Lösungsvorschlag zur Diskussion gestellt werden.

Allen, mit denen ich einzelne Probleme der Arbeit diskutieren konnte, darf ich an dieser Stelle herzlich danken.

Heidelberg, am 1. Juni 1969 *Dietmar Willoweit*

Inhaltsverzeichnis

Das Problem 9

Erster Abschnitt

Versuche alternativer Abgrenzung nicht rechtsgeschäftlicher Vereinbarungen vom Rechtsgeschäft 13

I. Begriffsjuristische Ansätze zur inhaltlichen Bestimmung des Rechtsgeschäftes 13

    1. Das vermögensrechtliche Interesse 14
    2. Das schutzwürdige Interesse 18
    3. Die Sphäre der Geschäftsmäßigkeit 22
    4. Die Ausgrenzung einzelner Lebensbereiche 26

II. Parteiautonome Verfügung über den Eintritt der rechtsgeschäftlichen Bindung 30

    1. Der Rechtsfolgewille als Kriterium der Abgrenzung 30
    2. Rechtsphänomenologische und rechtssoziologische Bedenken .. 33

III. Die Behandlung des Problems in der Rechtsprechung 39

Zweiter Abschnitt

Rechtsgeschäftliche und nicht rechtsgeschäftliche Vereinbarungen als Stufen rechtserheblichen Handelns von unterschiedlicher Intensität 44

I. Die Ausgestaltung des Anspruchsgefüges durch die Parteien 44

II. Die Bewertung nicht rechtsgeschäftlicher Vereinbarungen durch die Rechtsordnung 52

    1. Die Feststellung der Grenzen vertraglicher Bindung auf der Grundlage rechtssoziologischer Typisierung 52

        a) Zur Funktion rechtssoziologischer Methoden im Rahmen der Rechtsanwendung 52

        b) Die soziologischen Elemente nicht rechtsgeschäftlicher Vereinbarungen 61

c) Die Vereinbarungen einzelner Gruppen des sozialen Verkehrs 66

aa) Vereinbarungen zwischen Personen des gesellschaftlichen Verkehrs 66

bb) Vereinbarungen im Rahmen zufälliger Begegnungen... 76

cc) Vereinbarungen unter Familienangehörigen 80

dd) Vereinbarungen des wirtschaftlichen Verkehrs, insbesondere das gentlemen's agreement 85

2. Das Recht der Schuldverhältnisse und die nicht rechtsgeschäftliche Vereinbarung 92

III. Konsequenzen für den Begriff des Rechtsgeschäftes 100

Das Problem

Eine Untersuchung der nicht rechtsgeschäftlichen Vereinbarung muß von der paradoxen Feststellung ausgehen, daß in der Rechtswissenschaft zwar der Begriff des Rechtsgeschäftes als hinreichend geklärt gilt, eine Definition der nicht rechtsgeschäftlichen Vereinbarung jedoch auf unüberwindliche Schwierigkeiten zu stoßen scheint. Und selbst diese Aussage ist noch einzuschränken. Dem klassischen Begriff des Rechtsgeschäftes sind seit den Thesen Günther *Haupts*[1] mehr und mehr andere Formen rechtsgeschäftsähnlicher Bindungen zur Seite gestellt worden. Die Problematik der „faktischen" oder „sozialtypischen" Vertragsverhältnisse konnte bislang keiner allseits akzeptierten Lösung zugeführt werden. Im Mittelpunkt der Auseinandersetzung um diese Erscheinungen steht die Frage, welche Funktion dem Willen des rechtsgeschäftlich Handelnden zuzuweisen ist. Das Wollen der rechtlichen Bindung scheint sich offenkundig von einem Willen zu unterscheiden, der ausschließlich auf ein tatsächliches Tun gerichtet ist[2]. Angesichts dieser lebhaften Diskussion darf es als erstaunlich bezeichnet werden, daß bisher der überkommene Rechtsgeschäftsbegriff weder grundsätzlich in Frage gestellt noch der Versuch gemacht wurde, seine subjektive Komponente neu zu durchdenken. Von den Anhängern wie auch von den Gegnern der aus sozialtypischem Verhalten resultierenden Vertragsverhältnisse wird derselbe Begriff des Rechtsgeschäftes vorausgesetzt. Meinungsverschiedenheiten bestehen nur darüber, ob gewisse Erscheinungen des Rechtslebens dem Begriff des Rechtsgeschäftes noch zugeordnet werden können oder besondere Kategorien rechtsgeschäftsähnlichen Handelns anzunehmen sind, die — selbst nicht Rechtsgeschäft — doch nach den für das Rechtsgeschäft und den schuldrechtlichen Vertrag geltenden Regeln zu behandeln sind. Damit aber wird der Begriff des Rechtsgeschäftes selbst problematisch. Sieht man sich gezwungen, die Normen des Rechtsgeschäftes auch auf Vorgänge anzuwenden, die vom Begriff des Rechts-

---

[1] In Festschrift der Leipziger Juristenfakultät für Heinrich Siber, Leipzig 1943, Bd. 2, S. 1—37.

[2] Es mag in diesem Zusammenhang genügen, auf Karl *Larenz*, Lehrbuch des Schuldrechts, 8. Aufl., München und Berlin 1967, Bd. 1, S. 33 ff. einerseits und Werner *Flume*, Allgemeiner Teil des Bürgerlichen Rechts, Berlin, Heidelberg, New York 1965, S. 95 ff. andererseits hinzuweisen. — Vgl. ferner Franz *Bydlinski*, Privatautonomie und objektive Grundlagen des verpflichtenden Rechtsgeschäfts, Wien und New York 1967. — Vgl. dazu unten S. 105.

geschäftes nicht erfaßt werden, dann ist es um diesen Begriff schlecht bestellt.

Das Begriffspaar Rechtsgeschäft und nicht rechtsgeschäftliche Vereinbarung läßt sich nicht nahtlos aneinanderfügen, weil keiner der beiden Begriffe eine völlig befriedigende Definition gefunden hat. Solange der rechtserhebliche Willensinhalt des rechtsgeschäftlich Handelnden nicht abschließend geklärt ist, kann auch nicht gesagt werden, worin die Eigenart der gleichfalls vom Parteiwillen getragenen nicht rechtsgeschäftlichen Vereinbarung besteht. Die folgenden Überlegungen wollen den Versuch unternehmen, der subjektiven Gestalt des Rechtsgeschäftes durch eine Untersuchung der nach allgemeiner Überzeugung als nicht rechtsgeschäftlich zu bezeichnenden Verträge näherzukommen. Die Aufhellung der Grenzen nicht rechtsgeschäftlichen Handelns muß die Begriffselemente des Rechtsgeschäftes sichtbar werden lassen.

Doch ist damit erst eine Seite der zu behandelnden Problematik angeschnitten. Seit den Tagen der Pandektenwissenschaft ist die Vorstellung lebendig, daß die Rechtsgeschäftlichkeit einer Vereinbarung von der Art des geregelten Gegenstandes abhängig ist. Auf verschiedenen Wegen wurde versucht, den materiellen Inhalt des Rechtsgeschäftes positiv oder durch negative Ausgrenzung einzelner Sachverhalte zu bestimmen. Die Frage, ob es einen sachlichen Geltungsbereich des Rechtsgeschäftes gibt, ist in der modernen Rechtsgeschäftslehre stark in den Hintergrund gerückt. Sie ist jedoch unentwirrbar verzahnt mit der Auseinandersetzung um den Bedeutungsgehalt des rechtsgeschäftlichen Willens. Gemeinhin begnügt man sich mit der Behauptung, Vereinbarungen des gesellschaftlichen oder familiären Bereichs seien einer rechtsgeschäftlichen Regelung entzogen. Nicht selten wird hinzugefügt, es fehle in diesen Fällen am Willen, einen rechtlichen Erfolg herbeizuführen[3]. Mit solchen und ähnlichen Formulierungen wird das Verhältnis von Wille und materiellem Willensinhalt eher verdunkelt denn aufgeklärt. Die Lösung auch einfacher Fälle bereitet Schwierigkeiten. Muß der Wanderer, der seinem in Bergnot geratenen Begleiter nicht hilft, auch einen Vermögensschaden ersetzen? Und soll dasselbe gelten, wenn jemand vergißt, den wichtigen Brief des Nachbarn einzuwerfen? Muß der Gastgeber für seine Hausgehilfin nach § 278 BGB einstehen? Und wie ist die wirtschaftlich bedeutsame Vereinbarung zwischen zwei Unternehmen zu beurteilen, wenn diese die Rechtsverbindlichkeit des Vertrages ausschließen[4]? Die Antwort auf diese Fragen wird — ohne daß eine klare Systematik erkennbar wäre — abwechselnd auf den sachlichen Inhalt der Vereinbarung oder den Willen der Vertragspartner

---

[3] Vgl. dazu die in Anmerkung 44 S. 26 genannte Literatur.
[4] Vgl. unten S. 68, 72, 86 ff., 97 f.

abstellen. Sie wird zudem je nach der theoretischen Ausgangsposition ganz verschieden ausfallen.

Der wissenschaftliche Ort, an dem die Rechtsdogmatik die nicht rechtsgeschäftliche Vereinbarung gewöhnlich behandelt, ist aus den genannten Gründen die Rechtsgeschäftslehre. Das BGB selbst enthält keine Aussage darüber, was eigentlich Gegenstand rechtlicher Vereinbarung sein könne. Nicht ganz zu Unrecht meinte Werner *Hellwig*, daß — wenn irgendeine — diese Frage vom Gesetzgeber zu entscheiden gewesen wäre[5]. Vor Inkrafttreten des BGB und kurze Zeit danach war gerade im Hinblick auf die Kodifikation ein heftiger Streit um den Gegenstand der Obligation entbrannt. Die ältere Pandektenwissenschaft hatte den Satz entwickelt, nur ein vermögensrechtliches Interesse könne durch den schuldrechtlichen Vertrag geregelt werden[6]. Dieser bis in die zweite Hälfte des 19. Jahrhunderts herrschenden Meinung trat mit Entschiedenheit Bernhard *Windscheid* entgegen[7]. *Jhering, Dernburg, Kohler, Hellwig*, um nur die bedeutendsten Namen zu nennen, traten in den folgenden Jahren von verschiedenen Positionen aus in die Arena, um in den Streit über den Gegenstand des Rechtsgeschäftes einzugreifen[8]. Das BGB begnügt sich mit der formalen Bestimmung des § 241, weitgehend *Windscheids* Intentionen folgend[9]. Die Diskussion um die grundsätzliche Frage nach dem Geltungsbereich des Rechtsgeschäftes kam bald zum Erliegen. Erst eine vielbeachtete Entscheidung des Reichsgerichts zur Gefälligkeitsfahrt[10], die diesen Vorgang als einen rein tatsächlichen ohne rechtliche Bedeutung qualifizierte, führte zu einer Belebung der wissenschaftlichen Auseinandersetzung um die nicht rechtsgeschäftlichen Vereinbarungen. Gegenstand der Erörterung war aber nunmehr nicht der Begriff des Rechtsgeschäftes, sondern unter dem Stichwort des „Gefälligkeitsverhältnisses" oder „Gefälligkeitsvertrages" die nicht rechtsgeschäftliche Vereinbarung selbst[11]. Kenn-

---

[5] *Hellwig*, Über die Grenzen der Vertragsmöglichkeit, Erlanger Rektoratsrede 1895, AcP 86 (1896) S. 223—248; 246.

[6] Vgl. unten S. 14 ff.

[7] Bernhard *Windscheid*, Lehrbuch des Pandektenrechts, Bd. 1—2, 3. Aufl., Düsseldorf 1873, II, S. 2 ff. Anm. 3.

[8] Rudolf v. *Jhering*, Ein Rechtsgutachten, betreffend die Gäubahn, Jher-Jb. 18 (1880) S. 1—128; Heinrich *Dernburg*, Pandekten Bd. 2, 7. Aufl., Berlin 1903, S. 50 f.; Josef *Kohler*, Zwölf Studien zum Bürgerlichen Gesetzbuch, I. Das Obligationsinteresse, Arch. f. Bürg. R. 12 (1897) S. 1—88; *Hellwig*, a.a.O.

[9] Vgl. dazu die Motive zu dem Entwurfe eines Bürgerlichen Gesetzbuches für das Deutsche Reich, 2. Aufl., Berlin 1896, Bd. II zu § 206 des Entwurfes: „Ein vermögensrechtliches Interesse gehört ... nach der Auffassung des Entwurfes nicht zum Wesen der Obligation. Dieser Standpunkt erhellt zur Genüge aus dem Mangel einer entgegenstehenden Bestimmung."

[10] RGZ 65, 17.

[11] Vgl. *v. Blume*, Das Reichsgericht und die Gefälligkeitsverträge, in: Das Recht, 1908, Sp. 649—654; *Krückmann*, Gefälligkeitsverträge, in: Seuff. Bll. f.

zeichnend für die einschlägigen Äußerungen in der Literatur — soweit sie nicht lediglich Einzelfragen, wie die des Haftungsausschlusses behandeln — ist die besondere Hervorhebung des Gefälligkeitscharakters derartiger Vereinbarungen. Die Versuche, einen solchen, durch die Motivation bestimmten Vertragstyp herauszuarbeiten, stellten im wesentlichen auf den Willen der Beteiligten ab. Die Frage nach dem materiellen Gehalt des Rechtsgeschäftes rückte wieder in den Hintergrund. In Wissenschaft und Praxis hat die Lehre vom Gefälligkeitsverhältnis ein großes Echo gefunden. Die Rechtsgeschäftslehre hat indessen wenig von ihr profitiert. — In neuerer Zeit hat das Problem der nicht rechtsgeschäftlichen Vereinbarung Aktualität erhalten mit dem Anwachsen der sog. gentlemen's agreements in der Wirtschaft. Das sich mit diesen Erscheinungen beschäftigende Schrifttum[12] leidet jedoch noch immer unter einer unzureichenden Kenntnis der im Wirtschaftsleben tatsächlich vorkommenden Vereinbarungen. Erst Werner *Flume* hat in seinem Werk der nicht rechtsgeschäftlichen Vereinbarung erstmals eine eingehende Darstellung gewidmet[13] und neuartige Lösungen vorgeschlagen, die uns im einzelnen noch beschäftigen werden. Ungelöst ist nach wie vor das Problem, wie sich der rechtsgeschäftliche Wille und der sachlich zu beschränkende Inhalt des Rechtsgeschäftes zueinander verhalten.

Rechtsanwendung 74 (1909) S. 113—120 u. 153—160; *Geigel*, Schadenersatzansprüche aus Gefälligkeiten, in: Seuff. Bll. f. Rechtsanwendung 77 (1912) S. 37 bis 45; *Behrend*, Haftung für Gefälligkeitshandlungen, in: Das Recht, 1919, S. 291; Walther *Sugg*, Gefälligkeitsverträge, Diss. Breslau 1914; Richard *Lucas*, Über die Rechtsnatur der Gefälligkeitsverträge, Diss. Königsberg 1920; Werner *Hempfing*, Gefälligkeitsverträge in dem Bürgerlichen Gesetzbuch, Diss. Marburg 1922; Hans *Hansen*, Die Gefälligkeitsverträge nach bürgerlichem Recht, Diss. Marburg 1923; Paul *Hinrichs*, Ist das Verhältnis zwischen dem Gefälligen und dem Empfänger einer Gefälligkeit im täglichen Leben von rechtlicher Bedeutung? Diss. Göttingen 1923; Edmund *Wichers*, Gefälligkeitsverträge, Diss. Göttingen 1925; Ernst *Balzereit*, Gefälligkeitsverträge, Diss. Marburg 1929; Herbert *Küsters*, Gefälligkeitsverträge, Diss. Köln 1930; Gerhard *Buske*, Der Gefälligkeitsvertrag, Diss. Königsberg 1931; Otto *Gonnermann*, Die sogenannten Gefälligkeitsverträge, Diss. Marburg 1932; Karl Heinz *Klünder*, Die rechtliche Natur der Gefälligkeitsleistungen, Diss. Göttingen 1932; Fritz *Schröder*, Die sogenannten Gefälligkeitsverträge, Diss. Göttingen 1932; Willy *Martel*, Der sogenannte Gefälligkeitsvertrag in der Rechtsprechung, Diss. Köln 1933; Heinz *Wallraven*, Über Gefälligkeitsverträge, Diss. Marburg 1934; Bernd *v. Dewitz*, Gefälligkeitsverhältnisse im Bürgerlichen Recht, Diss. Tübingen 1939.

[12] Karl Friedrich *Reuss*, Die Intensitätsstufen der Abreden und die Gentlemen-Agreements, AcP 154 (1955) S. 485—526; Heinz Richard *Heigl*, Das „gentlemen's agreement" im Gesetz gegen Wettbewerbsbeschränkungen, Diss. Köln 1961; Sigbert *Honold*, Das Gentlemen's Agreement und seine Bedeutung im Kartellrecht, Diss. Tübingen 1962; B. *Mosheim*, Gentlemen's Agreement, Betrieb 1963, S. 1034—1035; Dieter *Ruge*, Abgrenzung des gentlemen's agreement vom Kartellvertrag und Kartellbeschluß, Wirtschaft und Wettbewerb 1963, S. 698—712.

[13] Vgl. Anm. 2 S. 9.

Erster Abschnitt

Versuche alternativer Abgrenzung nicht rechtsgeschäftlicher Vereinbarungen vom Rechtsgeschäft

I. Begriffsjuristische Ansätze zur inhaltlichen Bestimmung des Rechtsgeschäftes

Da der Begriff des Rechtsgeschäftes nichts anderes als eine Abstraktion aus einer Fülle verschiedenartiger rechtsgeschäftlicher Akttypen ist, scheint seine formale Struktur ein notwendiges Wesensmerkmal zu sein. Rechtsgeschäftliches Handeln ist nach allen Definitionen[14] ein Akt autonomer Selbstgestaltung der Rechtswirklichkeit, die Äußerung des Willens, daß rechtliche Wirkungen eintreten sollen. Doch entbehren die bekannten Begriffsbestimmungen nicht einer — selbstverständlich erscheinenden — sachlichen Komponente. Nur deshalb ist die Erklärung des Willens befähigt, Rechtswirkungen hervorzubringen, weil die Rechtsordnung ihr diese Macht zuerkennt. In dieser Einschränkung ist nicht nur der Hinweis auf die Notwendigkeit einer allgemeinen Sanktion privatautonomen Handelns durch die Rechtsordnung enthalten. Es wird damit gleichzeitig gesagt, daß sich aus der Rechtsordnung ergibt, was Gegenstand privatautonomer Rechtsgestaltung sein kann. Auf die Hervorbringung verbotener Rechtswirkungen gerichtete Willenserklärungen sind Akte der Selbstbestimmung, ohne daß sie rechtsgestaltend zu wirken vermögen. Daraus aber folgt ganz allgemein: Die Rechtsordnung bestimmt den sachlichen Wirkungsbereich rechtsgeschäftlichen Handelns. Sie muß sich dieser Aufgabe annehmen, wenn sie auf einen geschlossenen Kreis gesetzlich fixierter Vertragstypen verzichten will. Die scharfe begriffliche Erfassung des Rechtsgeschäftes durch die Pandektenwissenschaft und die Zivilrechtsdogmatik nach Inkrafttreten

---

[14] Zur besseren Vergegenwärtigung sei die bekannte Definition der Motive im Wortlaut wiedergegeben: „Rechtsgeschäft ... ist eine Privatwillenserklärung, gerichtet auf die Hervorbringung eines rechtlichen Erfolges, welcher nach der Rechtsordnung deswegen eintritt, weil er gewollt ist. Das Wesen des Rechtsgeschäfts wird darin gefunden, daß ein auf die Hervorbringung rechtlicher Wirkungen gerichteter Wille sich bethätigt, und daß der Spruch der Rechtsordnung in Anerkennung dieses Willens die gewollte rechtliche Gestaltung in der Rechtswelt verwirklicht." (Motive I S. 126); *Mugdan*, Die gesamten Materialien zum Bürgerlichen Gesetzbuch für das Deutsche Reich, Berlin 1899, Bd. I, S. 421. Zu den in der Literatur entwickelten Begriffsbestimmungen s. u. S. 102 f.

des BGB führte daher zu verschiedenartigen Versuchen, auch den Gegenstand des Rechtsgeschäftes präzise zu formulieren. Die sich dabei prinzipiell bietenden Möglichkeiten wurden im wesentlichen erprobt und sollen im folgenden weniger wissenschaftsgeschichtlich dargestellt als auf ihre rechtssystematische Brauchbarkeit überprüft werden.

1. Das vermögensrechtliche Interesse

Die intensive Beschäftigung mit den Quellen des römischen Rechts und das Bemühen, sie in einem geschlossenen System darzustellen, hat die Pandektenwissenschaft zu der Annahme geführt, Gegenstand der Obligation — der Begriff darf für unsere Zwecke dem Rechtsgeschäft gleichgestellt werden[15] — könne nur ein vermögensrechtliches Interesse sein. Man gelangte zu dieser Schlußfolgerung aufgrund der Überlegung, daß im klassischen römischen Prozeß der Grundsatz der condemnatio pecuniaris galt. Das Leistungsurteil lautete auf eine bestimmte Geldsumme. Also muß auch die Leistung, materiell-rechtlich gesehen, grundsätzlich in Geld bezifferbar sein[16]. Die Autorität des gemeinen Rechts verbot zunächst jeden Zweifel an dem gewonnenen Rechtssatz, der in der Tat die Masse der im Rechtsverkehr erheblichen Vorgänge zu erfassen vermag. Das Rechtsgeschäft dient primär dem Austausch der Güter, es stellt Mittel zur Verfügung, die wirtschaftlichen Bedürfnisse zu befriedigen.

Dieser Gesichtspunkt ist denn auch stark betont worden, als die Rechtswissenschaft des späten 19. Jahrhunderts vor der Frage stand, in welcher Form das Rechtsgeschäft in die Kodifikation aufgenommen werden sollte. *Hellwig* griff die Problematik auf[17] und führte sie über die in der Pandektenliteratur üblichen Gedankengänge hinaus. Es geht ihm nicht um die überkommene Frage, was Gegenstand der Obligation sein könne, sondern darum, „inwieweit durch den Willen der Parteien

---

[15] Zwischen dem Sprachgebrauch „Gegenstand der Obligation" und „Gegenstand des Rechtsgeschäfts" besteht für unsere Problemstellung keine sachliche Divergenz. Das Problem, wie der Geltungsbereich des Rechtsgeschäfts abzustecken ist, stellt sich nur im Obligationsrecht. Die sachenrechtlichen Geschäfte sind nicht nur abschließend bestimmt, sondern in ihrem Wesen auch dem Recht immanent. Dasselbe gilt für die spezifischen Geschäfte des Familienrechts und des Erbrechts.

[16] Friedrich *Mommsen*, Beiträge zum Obligationenrecht, 2. Abtheilung Zur Lehre von dem Interesse, Braunschweig 1855, S. 122; C. *Neuner*, Wesen und Arten der Privatrechtsverhältnisse, Kiel 1866, S. 62, 64 f.; besonders eindringlich Alois *Brinz*, Lehrbuch der Pandekten, 2. Aufl., Bd. II, 1—2, Erlangen 1879—82, II, 1, S. 92 f.: „Seitdem die Satisfaktion für den Fall der Nichtleistung überall in Entgeltung durch Geld ausläuft, muß die Leistung für die Gläubiger überall von pekuniärem Belang, ihr Nichterfolg ein zu Geld taxierbares und durch Geld zu befriedigendes Interesse des Gläubigers sein."

[17] Vgl. Anm. 5 S. 11.

I. Begriffsjuristische Ansätze zur Bestimmung des Rechtsgeschäftes 15

eine Rechtsverpflichtung in das Leben gerufen werden kann"[18]. Hellwig betont nachdrücklich die Funktionen des obligatorischen Vertrages als Mittel, in den wirtschaftlichen Verkehr über Sachenrechte zu treten. „Nicht aber hat das Institut des Schuldvertrags die Aufgabe, dem Verpflichtungswillen als solchen einen Tummelplatz freiester Bethätigung zu gewähren[19]." In ähnlicher Schärfe äußerte sich Otto v. *Gierke:* „Die Obligation ist eine Species der Gattung ‚Vermögensrecht'. Läßt man dieses Merkmal fallen, so zerfließt ihr Begriff völlig ins unbestimmte[20]."

Wie schon erwähnt, war der Streit um den Gegenstand der Obligation durch *Windscheid* entfacht worden, der sich dagegen zur Wehr setzte, daß ein Versprechen des Nachbarn, zu einer bestimmten Zeit vom Klavierspielen Abstand zu nehmen, nicht Gegenstand eines Rechtsgeschäftes sein könne[21]. Dieser Fall, der lange die Diskussion beherrschte, kann dem Erfordernis, der Leistungsgegenstand müsse in Geld bezifferbar sein, offensichtlich nicht genügen. Ähnliche Beispiele, in denen sog. Affektionswerte im Mittelpunkt der Vereinbarung stehen, wurden gegen die Beschränkung der Obligation auf vermögenswerte Leistungsgegenstände ins Feld geführt. *Jhering* wies auf die nur der Erholung dienende Gartenbenutzung des Mieters und die Vereinbarung zusätzlicher Freizeit zwischen Kellner und Gastwirt hin[22]. Selbst Verträge über künstlerische Darbietungen wurden herangezogen, um die Unhaltbarkeit der von der Pandektenwissenschaft entwickelten Formel darzutun. Die Forderung, der Leistungsgegenstand müsse sich in Geld beziffern lassen, ist in der Tat an verhältnismäßig

---

[18] a.a.O. S. 226.
[19] a.a.O. S. 235.
[20] Otto v. *Gierke*, Der Entwurf eines bürgerlichen Gesetzbuches und das deutsche Recht, Leipzig 1889, S. 195.
[21] Lehrbuch des Pandektenrechts, 3. Aufl., II, S. 4 Anm. 3.
[22] Rechtsgutachten a.a.O. S. 43. Gegen die Doktrin des Vermögenswertes wandte sich neben *Windscheid* und *Jhering* insbesondere Heinrich *Siber*, Der Rechtszwang im Schuldverhältnis nach deutschem Reichsrecht, Leipzig 1903, S. 94: „So lange nicht feststeht, daß die herkömmliche Beschränkung des Vermögensbegriffs auf geldwerthe Rechte und Pflichten unzureichend ist, wird deshalb eine Beziehung zum Vermögen nicht als zum Wesen der Forderung gehörig anzusehen sein, da man sonst zu dem unhaltbaren Ergebnis gelangt, Ansprüche auf werthlose Dinge ... nicht als Forderungen behandeln zu können." Vgl. ferner G. *Hartmann*, Der Civilgesetzentwurf, das Aequitätsprinzip und die Richterstellung, AcP 73 (1888) S. 309—407, 371; Alfred *Pernice*, Labeo, Halle 1892, Bd. 3, S. 172 ff.; Ferdinand *Regelsberger*, Pandekten, Leipzig 1893, Bd. 1, S. 201; Gustav *Boehmer*, Der Erfüllungswille, München 1910, S. 13, Anm. 30. Der fruchtbarste Kritiker der Lehre vom Vermögenswert der Obligation war zweifellos Josef Kohler (s. u. S. 22 ff.). In der modernen Literatur hat sich diese kritische Auffassung im Anschluß an die Entscheidung des Gesetzbuches allgemein durchgesetzt. Eine eingehende wissenschaftsgeschichtliche Darstellung des Streites um die Frage des Vermögenswertes mit ausführlichen Literaturhinweisen findet sich bei Bernhard *Windscheid* - Theodor *Kipp*, Lehrbuch des Pandektenrechts, 9. Aufl., Frankfurt/M. 1906, II, S. 4 ff. Anm. 3.

einfachen Vorgängen des Güteraustausches orientiert. Die Gegenüberstellung von vermögensrechtlichem Interesse und „bloßem" Affektionsinteresse vermochte schon im 19. Jahrhundert als Abgrenzungskriterium für rechtlich erhebliche und unerhebliche Vorgänge nicht zu befriedigen. Schon bei flüchtiger Durchsicht der erwähnten Fälle zeigt sich, daß die Parteien reine Affektionswerte jederzeit in Beziehung zu einem bestimmten Geldbetrag setzen und damit dem Erfordernis des Vermögenswertes genügen können. Daß der Mieter für die Gartenbenutzung ebenso ein Entgelt vereinbaren kann wie der Nachbar für die zeitweilige Unterlassung von Klavierübungen, ließ sich nicht leugnen. Die dem Postulat des Geldwertes bei unkritischer Betrachtung innewohnende Abgrenzungswirkung erweist sich also bei näherem Hinsehen als eine Chimäre. Derselbe Vorgang kann eine völlig gegensätzliche Beurteilung erfahren. Dabei entscheiden die Parteien nicht nur über die Vereinbarung eines Entgelts, sondern auch über dessen Höhe. Auch bei der Zahlung symbolischer Beträge ist die Leistung vermögenswert. Unter den Händen der Vertragspartner verwandelt sich das vermeintlich sachliche Abgrenzungskriterium in ein Instrument der Parteiautonomie.

Die Bemühungen um die inhaltliche Bestimmung der Obligation zielten daher bald auf eine den tatsächlichen wirtschaftlichen Erfordernissen entsprechende Formulierung des Vermögensbegriffes. Paradigmatisch für den erweiterten Vermögensbegriff, der heute allein noch Interesse beanspruchen darf, ist die abgewogene Definition *Hellwigs*[23]. Er verzichtet bewußt auf das „irreführende" Erfordernis des vermögensrechtlichen Interesses und fordert, „daß die zugesagte Leistung objektiv, ihrer Natur nach, eine Beziehung auf das Vermögen besitzt, und weiter ist notwendig, daß sie gerade für den Gläubiger von pekuniärem Belang ist, so daß ihr Ausbleiben auf die Gestaltung seiner vermögensrechtlichen, seiner ökonomischen Verhältnisse einen Einfluß ausübt. Das ist aber nicht nur dann der Fall, wenn dem Gläubiger Leistungen versprochen sind, welche sein werbendes Vermögen vergrößern und die Bedingungen verbessern, unter denen er seine wirtschaftlichen Güter vermehren will, sondern auch dann, wenn das versprochene Objekt in die Reihe der lediglich zum Genusse und zur Konsumption bestimmten Güter gehört, es ist endlich auch dann der Fall, wenn Handlungen versprochen sind, die den Gebrauchs- und Genußwert oder den Verkaufswert steigern, überhaupt, wenn die Leistung im wirtschaftlichen Verkehr um Geld beschaffbar ist..." Das letztgenannte Merkmal betont insbesondere auch *Dernburg*, der darauf abstellt, ob die Leistung „einen Geldwert hat oder ob sie wenigstens für Geld im Ver-

---

[23] Grenzen a.a.O. S. 229.

I. Begriffsjuristische Ansätze zur Bestimmung des Rechtsgeschäftes 17

kehr beschaffbar ist"[24]. Eine präzise Inhaltsbestimmung des Rechtsgeschäftes ist damit aber nur scheinbar gelungen. Der Gesichtspunkt, daß die Leistung gerade im wirtschaftlichen Verkehr für Geld beschaffbar sein müsse, führt einerseits zum Ausschluß solcher Vereinbarungen, die ungewöhnliche Bedürfnisse befriedigen sollen. Der Fall des Klavierspielers läßt sich mit Hellwigs Formel nicht adäquat lösen. Er sieht sich zu der Annahme genötigt, die eigene Wohnung habe einen größeren Wert, wenn der Nachbar zeitweise nicht Klavier spiele[25]. Andererseits kann der erweiterte Vermögensbegriff eine Fülle gelegentlicher Leistungen mit Gefälligkeitscharakter nicht befriedigend erklären. Die Erteilung einer Auskunft durch einen Straßenpassanten könnte oft nicht anders denn als Rechtsgeschäft begriffen werden, da der Erfolg der Vereinbarung auch durch Abschluß eines entgeltlichen Vertrages mit einem Auskunftsbüro zu erreichen sein kann. Und selbst der Musterfall einer nicht rechtsgeschäftlichen Vereinbarung, die gesellschaftliche Einladung, entbehrt der vermögensrechtlichen Bedeutung nicht, wenn dadurch Aufwendungen für das Abendessen erspart werden.

Zudem hat das moderne Wirtschaftsleben in zunehmendem Maße Vertragsgestaltungen hervorgebracht, denen eine spezifische Beziehung zum Vermögen fehlt. Die Verpflichtung eines industriellen Fertigungsbetriebes, zu bestimmten Stunden keine lärmerzeugenden Maschinen laufen zu lassen, um den Unterricht in einer nahegelegenen Schule nicht zu stören, ist ohne vermögensrechtliche Bedeutung, wenn keine besonderen innerbetrieblichen Kosten entstehen. Und worin soll unter den gleichen Voraussetzungen der Vermögenswert gesehen werden, wenn sich ein chemisches Werk gegenüber dem Eigentümer eines Gewässers verpflichtet, keine übelriechenden Abwässer einzuleiten? Zu denken ist ferner an manche Verträge über den Austausch von Erfahrungen und über gegenseitige Hilfeleistungen, denen jeder konkrete Bezug zum Vermögen fehlen kann.

Der Versuch, den Gegenstand des Rechtsgeschäftes in allen diesen Fällen in umfassender Weise vom Vermögensrecht her zu bestimmen, hat notwendig eine Ausweitung des Vermögensbegriffs zur Folge, die ihm jeden praktischen Nutzen nimmt[26]. Darüber hinaus werden, wie sich gezeigt hat, Fälle erfaßt, deren rechtsgeschäftlicher Charakter äußerst zweifelhaft ist. Die durchaus richtig erkannte grundsätzliche Bedeutung des vermögensrechtlichen Gehalts einer Vereinbarung für deren rechtliche Verbindlichkeit läßt sich nicht schematisch in einer allgemeinen begrifflichen Fixierung einfangen. Der Begriff des Vermögensrechts dient — wie Hellwigs Beurteilung des Klavierspielerfalles zeigt —

---

[24] Heinrich *Dernburg*, a.a.O. S. 219.
[25] Grenzen a.a.O. S. 232.
[26] Dazu vor allem Heinrich *Siber*, a.a.O. S. 93 f.

häufig nur dazu, die schon vorweggenommene Bewertung einer Situation durch den vermeintlich scharfen Begriff des Vermögens zu legitimieren. Nicht der Gedanke an die vermögensrechtlichen Konsequenzen zwingt zur Annahme rechtsgeschäftlicher Beziehungen, sondern die im konkreten Fall jeweils zu ermittelnden sachlichen Bewertungsgrundlagen geben Veranlassung, einem Vorgang rechtsgeschäftliche Qualität zuzusprechen. Einstweilen ist festzustellen, daß mit dem sachentleerten Abstraktum „Vermögensrecht" die Gegenstände des Rechtsgeschäftes nicht zu umgreifen sind.

2. Das schutzwürdige Interesse

Die Verfasser des BGB haben den Geltungsbereich des Rechtsgeschäftes ganz bewußt nicht auf das Vermögensrecht beschränkt[27]. Sie verzichteten völlig auf materielle Kriterien zur inhaltlichen Bestimmung des Rechtsgeschäftes und stellten einen rein formalen Begriff in den Mittelpunkt ihrer Überlegungen, der seine Bestimmtheit allein aus den Schranken der §§ 134 und 138 BGB erhalten sollte. „Ein schutzwürdiges Interesse müsse freilich... erfordert werden; aber schutzwürdig sei jedes Interesse, welches sich innerhalb des vom Gesetze der individuellen Freiheit gewährten Gebietes halte. Es bedürfe keiner anderen Schranke, als daß die Übernahme der Verbindlichkeit nicht gegen das Gesetz oder die guten Sitten verstoßen dürfe[28]." Das Erfordernis des schutzwürdigen Interesses ist somit nichts anderes als eine negative Umschreibung dessen, was die genannten Normen des BGB regeln und daher als ein besonderes Kriterium des Rechtsgeschäftes überflüssig. Die Erwähnung eines schutzwürdigen Interesses in den Protokollen erklärt sich allein aus den vorangegangenen Kontroversen. Inhaltlich bleibt der Begriff völlig unbestimmt und formal. Dennoch haben ihn manche Darstellungen des Bürgerlichen Rechts bis in die Gegenwart weitergetragen und häufig genug ist behauptet worden, gewisse Lebensbereiche — Liebe, Anstand, Religion, Geselligkeit — seien nicht als schutzwürdig anzusehen[29]. Damit aber wird eine doch wesentlich

---
[27] Vgl. oben Anm. 9 S. 11.
[28] Protokolle der Kommission für die zweite Lesung des Entwurfs des Bürgerlichen Gesetzbuchs, Berlin 1897, Bd. I, S. 281. Ein Antrag, den Gegenstand des Schuldverhältnisses auf die Leistungen „von Vermögensinteresse" zu beschränken, „fand... von keiner Seite Zustimmung" (a.a.O. S. 280).
[29] Vgl. z. B. *Soergel-Siebert*, BGB-Komm. 10. Aufl. 1967, Rd.-Nr. 4 zu § 241 und Rd.-Nr. 1 vor § 241. Nur andere Worte gebraucht der RGR-Komm. 11. Aufl. 1960, Anm. 6 vor § 241: „Nur ein zur rechtlichen Anerkennung geeignetes Interesse ist erforderlich." Dagegen erhält der Begriff bei *Staudinger-Weber*, BGB-Komm. 11. Aufl. 1967, Rd.-Nr. 16 zu § 241 eine ganz andere Funktion, wenn davon die Rede ist, daß der Leistungsanspruch mit dem Fortfall des schutzwürdigen Interesses, das der Gläubiger an der Leistung hat, wegfällt. Nicht ein Merkmal des Rechtsgeschäfts ist hier gemeint, son-

I. Begriffsjuristische Ansätze zur Bestimmung des Rechtsgeschäftes 19

anders geartete Thematik angeschlagen. Ob einzelne Sachbereiche der privatautonomen Rechtsgestaltung überhaupt nicht zugänglich sind, wird uns später beschäftigen. Vorerst bleibt zu untersuchen, welcher Interpretation der Begriff des schutzwürdigen Interesses selbst fähig ist.

Die gleichsam authentische Interpretation des Gesetzes durch *Windscheid* weist freilich einen wenig befriedigenden Weg. „Ungültig ist ein Vertrag auch dann, wenn das Interesse, welches der Gläubiger an der versprochenen Leistung hat, ohne gerade verwerflich zu sein, doch nach Ermessen des Richters keinen Schutz verdient", sagt Windscheid zum Verständnis der im wesentlichen auf sein Wirken zurückzuführenden Entscheidung des Gesetzes[30]. Das richterliche Ermessen soll also den Geltungsbereich des Rechtsgeschäftes bestimmen, ohne daß der Versuch gemacht wird, der richterlichen Entscheidung Maßstäbe zu geben. Es kann keinem Zweifel unterliegen, daß im BGB für ein derart freies Ermessen des Richters, zu entscheiden, was Gegenstand rechtlicher Bindung sein kann und was nicht, kein Platz ist. Die Kodifikation regelt nicht nur das Wie einzelner Rechtsverhältnisse, sie trifft zugleich auch ein Werturteil, daß die geregelten Rechtsgeschäfte der Sphäre des Rechts angehören. Enthält sie keine generelle Aussage über die sachlichen Abmessungen dieser Rechtssphäre, dann sind die Grenzen nach objektiven Gesichtspunkten zu ermitteln. Nicht aber darf man schließen, die Entscheidung des Richters könne in dieser fundamentalen Frage die nicht formulierte Entscheidung des Gesetzes ersetzen. Darauf aber läuft Windscheids nicht artikuliertes Ermessen des Richters hinaus. Windscheid sucht also den Begriff des schutzwürdigen Interesses durch eine dem BGB fremde Kasuistik richterlicher Rechtsanwendung auszufüllen. Warum ein Interesse als schutzwürdig zu qualifizieren ist und was daher Objekt rechtswirksamer Vereinbarung sein kann, bleibt offen.

Die Rechtswissenschaft ist dem von Windscheid aufgestellten Prinzip nicht gefolgt. Sie hat nur selten versucht, die nichtssagende Umschreibung der Motive mit Begriffen von größerer Anschaulichkeit auszufüllen. So verlangt etwa *Larenz*, die Leistung müsse „dem Gläubiger in irgendeiner Weise von Vorteil sein"[31]. Aber auch diese Formel erweist sich zur inhaltlichen Bestimmung des Rechtsgeschäfts als wenig geeignet. Sie sagt nur aus, daß die rechtsgeschäftliche Bindung einen Vermögensvorteil nicht voraussetzt, und in diesem Sinne wird sie von

---

dern eine Voraussetzung für die Geltendmachung der im Rahmen des Schuldverhältnisses schon bestehenden Forderung. Ob eine solche besondere Voraussetzung freilich neben dem prozessualen Erfordernis des Rechtsschutzinteresses einen Sinn hat, bleibe hier dahingestellt.
[30] Lehrbuch des Pandektenrechts Bd. II, 9. Aufl., Frankfurt/M. 1906 S. 288.
[31] Allg. Teil S. 5.

Larenz auch verwendet. Fast alle Vereinbarungen, die gemeinhin als nicht rechtsgeschäftlich bezeichnet werden, bringen „in irgendeiner Weise" Vorteile. Das gilt für die kleinen Hilfeleistungen des täglichen Lebens ebenso wie für die Mitnahme des per Anhalter reisenden Studenten oder die Vereinbarung eines Wochenendausfluges zwischen mehreren Familien. Zuweilen begegnet die Vorstellung, die Grenze zum Rechtsgeschäft sei dann überschritten, wenn Rechtsgüter eines Beteiligten in irgendeiner Form tangiert werden[32]. Da die Rechtsordnung die private Rechtsgütersphäre schütze, könne außerhalb dieses Bereiches von einer rechtserheblichen Abrede nicht mehr gesprochen werden. Dabei wird jedoch übersehen, daß unsere Rechtsordnung die Begründung einer Verpflichtung keineswegs durch den Rechtsgutbegriff des § 823 BGB begrenzen will. Auch Vereinbarungen, die sich auf das Vermögen als solches beziehen, wie etwa Auskunftsverträge, sind ohne Zweifel wirksam. Voraussetzung für die Verwertung des Rechtsgutgedankens für die hier in Rede stehende Problematik wäre die Erarbeitung eines spezifischen Rechtsgutbegriffs für den Bereich des Obligationsrechts. Dabei würden sofort alle Schwierigkeiten, die sich der inhaltlichen Bestimmung der Obligation in den Weg stellen, erneut sichtbar werden. Mit dem Gedanken des Rechtsgutes ist im Ergebnis also nichts zu gewinnen. Das gleiche gilt für die Eingehung rechtlicher Bindungen im Hinblick auf die fragliche Vereinbarung. Als isoliert gesehenes Abgrenzungskriterium ist dieser Gesichtspunkt nicht brauchbar, da er Aufwendungen aller Art umfaßt und solche gerade im Bereich des gesellschaftlichen Verkehrs an der Tagesordnung sind.

Indessen wird man der Frage nicht aus dem Weg gehen können, ob trotz der wenig ermutigenden Stellungnahmen in der Literatur der Begriff des schutzwürdigen Interesses nicht entwicklungsfähige Gesichtspunkte in sich birgt. Gehen wir mit den Motiven grundsätzlich von der Schutzwürdigkeit eines jeden Interesses zwischen den Schranken der Gesetz- und Sittenwidrigkeit aus, dann werden sich doch gewisse Einschränkungen aus der Eigenart des von der Rechtsordnung gewährten Schutzes nicht vermeiden lassen. Von Schutzwürdigkeit zu sprechen hat offenbar dort keinen Sinn, wo die Rechtsordnung durch die Gerichte entweder keinen hinreichenden Schutz gewähren kann oder ein Bedürfnis nach Rechtsschutz überhaupt nicht besteht[33]. Nimmt man die ein-

---

[32] *Hansen* a.a.O., Auszug-Blatt; *Blume* a.a.O. Sp. 652; *Klünder* a.a.O. S. 16.
[33] Auch in der Literatur findet sich zuweilen andeutungsweise die Auffassung, Schutzwürdigkeit des Gläubigerinteresses bedeute vor allem: dem Rechtszwang zugänglich, vgl. Philipp *Heck*, Grundriß des Schuldrechts, 1929, S. 19. Ähnlich auch v. *Thur*, Der Allgemeine Teil des Deutschen Bürgerlichen Rechts Bd. I—II, 1 u. 2, Berlin 1914—1918, II, 1, S. 170. Allerdings ist dieser Gedanke nur diskutabel, wenn die Frage nach der prinzipiellen Reichweite rechtlichen Zwanges gestellt wird. Einem Zirkelschluß unterliegt, wer aus

I. Begriffsjuristische Ansätze zur Bestimmung des Rechtsgeschäftes

mal geprägte Formel vom schutzwürdigen Interesse ernst, dann ist zu fragen, ob nicht eine aus der Natur eben dieses Schutzes sich ergebende dritte Schranke zu beachten ist.

So wird man sehr an der Schutzfähigkeit vieler familiärer Absprachen zweifeln können. Innerhalb der engsten sozialen Gemeinschaft kann die gerichtliche Hilfe nur begrenzte Wirkungen zeitigen, solange diese Gemeinschaft noch intakt ist. Etwa vom Gericht einem Ehegatten zugesprochene finanzielle Vorteile lassen sich leicht in anderen Bereichen des familiären Zusammenlebens kompensieren. Wenig Sinn hätte auch die Hilfe des Gerichts, um die einmal ausgesprochene, aber wieder rückgängig gemachte gesellschaftliche Einladung durchzusetzen. Das Gericht könnte bestenfalls die physische Anwesenheit des Eingeladenen ermöglichen, nicht aber den angestrebten menschlichen Kontakt herstellen.

Der Blick auf die Schutzwürdigkeit der beteiligten Interessen, verstanden als Schutzbedürftigkeit und Schutzfähigkeit, vermag also durchaus wertvolle Hinweise für sachgerechte Lösungen zu geben. Doch bedürfen einige der erwähnten Fälle nur einer geringfügigen Variation, um die Tauglichkeit des so verstandenen schutzwürdigen Interesses in Frage zu stellen. Ist nicht der Gastgeber im Hinblick auf die für Getränke und Speisen gemachten Aufwendungen selbst schutzwürdig, wenn die geladenen Gäste grundlos ausbleiben? Dergleichen Ansprüche wären gerichtlich mit einem Höchstmaß an Effektivität durchsetzbar. Der Fall gerät also sichtlich aus dem Gleichgewicht, wenn darauf abgestellt werden soll, ob der jeweilige Anspruch den tatsächlichen Möglichkeiten des gerichtlichen Schutzes entspricht. Darüber hinaus ist eine Fülle von Situationen denkbar, die mit den Mitteln des staatlichen Rechtsschutzes regulierbar sind, ohne daß ihre Anerkennung als Rechtsgeschäft zufriedenstellen könnte. Erlaubt ein Grundstücksbesitzer seinem Nachbarn die Grundstücksbenutzung, weil dessen eigene Zufahrt zeitweilig unpassierbar ist, dann könnte der staatliche Rechtsschutz für beide Parteien sehr wirksam eingreifen. Aber diese Tatsache allein vermag den rechtsgeschäftlichen Charakter des Vorganges offenbar nicht zu begründen. Zwar lassen sich bei gehöriger Rücksicht auf die eigentümliche Struktur des von der Rechtsordnung zur Verfügung

---

den tatsächlichen Gepflogenheiten die Schutzwürdigkeit einer Vereinbarung ablesen möchte, vgl. etwa Gustav *Boehmer* a.a.O. S. 13: „Denn nur wenn hinter dem Versprechen ein Interesse des Gläubigers steht, dessen Befriedigung man durch die Ermöglichung staatlichen Zwanges zu sichern pflegt, kann von einer Obligation im juristischen Sinne geredet werden. Hier ist die Grenzlinie zu suchen zwischen rechtlichen Pflichten und lediglich konventionellen Verbindlichkeiten." Mit dieser Formulierung wird keine Antwort gegeben, sondern nur die Frage aufgeworfen, welche Verträge dem Zwang der Rechtsordnung zugänglich sein können.

gestellten Schutzes eine Reihe kaum als rechtsgeschäftlich zu bezeichnender Tatbestände aus dem Bereich des Rechtsgeschäftes entfernen. Ebenso gewiß ist allerdings, daß diese Betrachtungsweise häufig versagen muß, weil auch nicht rechtsgeschäftliche Vereinbarungen grundsätzlich dem gerichtlichen Schutz zugänglich sein können. Damit aber entfällt die Möglichkeit, aus dem Begriff des schutzwürdigen Interesses selbst eine immanente Schranke zu entnehmen, die sich zu einer exakten inhaltlichen Beschreibung des Rechtsgeschäftes eignet.

3. Die Sphäre der Geschäftsmäßigkeit

Der materiale Gehalt des Rechtsgeschäftes ist durch „reine" juristische Begriffe nicht zu bestimmen. Wird der die Begriffsbildung konstituierende Abstraktionsvorgang so weit getrieben, daß eine unmittelbare Beziehung zu konkreten Erscheinungen des Rechtslebens nicht mehr zu erkennen ist, dann bleibt der gewonnene Begriff vage und von beschränktem Nutzen. *Larenz* hat mit vollem Recht auf die mit fortschreitender Abstraktionshöhe verbundene Sinnentleerung des Begriffs hingewiesen[34]. Freilich stellt sich dieses Problem in besonderer Schärfe gerade in der Rechtsdogmatik, die auf dem Wege des abstrahierenden Denkens weniger eine Sache begreifen als sie dem Vorgang der Subsumtion zugänglich machen will. Die Begriffe „Rechtsgeschäft" und „Rechtshandlung" dienen zwar auch dem Verstehen der unserer Rechtsordnung immanenten Systematik. Wesentlicher ist aber ihre funktionale Bedeutung im Rahmen der Rechtsanwendung, z. B. für die Frage, welches Verhalten einer natürlichen Person Geschäftsfähigkeit erfordert. So wohnt auch den Begriffen „Vermögensrecht" und „schutzwürdiges Interesse" ein beschränkter Ordnungssinn im Gefüge der zivilrechtlichen Systematik inne. Ihr Abstraktionsgrad hat jedoch eine solche Höhe erreicht, der Sinngehalt ist so umfassend geworden, daß ihr praktischer Nutzen für die zu untersuchende Problemstellung nur gering zu veranschlagen war. Es liegt daher nahe, die Eingrenzung des rechtsgeschäftlichen Handelns mit weniger formalen Begriffen von größerer Aussagekraft zu versuchen. Ein geringerer Abstraktionsgrad enthält notwendig einen engeren Bezug zu der dem Begriff zugrunde liegenden sozialen Wirklichkeit. Die Chance der größeren Praktikabilität ist damit gegeben.

Den wohl bedeutendsten Ansatz dieser Art, einen Begriff der konkreten sozialen Wirklichkeit als materiale Grundlage der Rechtsgeschäftslehre zu ermitteln, verdanken wir Josef *Kohler*[35]. Kohler voll-

---

[34] Methodenlehre der Rechtswissenschaft, Berlin-Göttingen-Heidelberg 1960, S. 324 f.
[35] Das Obligationsinteresse a.a.O.; ferner Lehrbuch des Bürgerlichen Rechts, Bd. II, 1, Berlin 1906, S. 89 f.

I. Begriffsjuristische Ansätze zur Bestimmung des Rechtsgeschäftes 23

zieht eine scharfe Wendung gegenüber der klassischen Lehre vom Vermögenswert der Obligation. Er weist zunächst darauf hin, daß nicht nur der ökonomische, sondern auch der konsumtive Vermögensgenuß als Vermögenswert zu betrachten sei[36]. Nicht nur die Mehrung des Vermögens ist ein vermögenswerter Vorgang, sondern auch die Auslösung der im Vermögen enthaltenen Genußpotenz. Mit dieser Interpretation des Obligationsinteresses als „Vermögensaustauschinteresse" wird jedoch „die Pforte der Obligation recht weit geöffnet"[37]. Auch die abwegigsten Forderungen — wie etwa das Reden oder Grimassenschneiden zu unterlassen — wären bei Vereinbarung eines Entgelts als Obligation anzusehen. Die offenkundige Unmöglichkeit, mit Hilfe des Vermögensbegriffes zu einer sinnvollen Lösung zu gelangen, führt Kohler zu einer kulturgeschichtlichen Untersuchung der Voraussetzungen, unter denen der Vermögenswert die ihm zugesprochene Bedeutung haben kann. Auf diesem Wege gelangt er schließlich zu einer klareren Einsicht in die Eigenarten unserer heutigen Obligation, als die meisten seiner Zeitgenossen. Im Obligationenrecht geht es „nicht um Leistungen der Dinge, sondern um die Leistung des Menschen. Der Mensch ist aber kein Gegenstand des Vermögensrechts... die Dinge leisten ihre Dienste, weil wir sie in unsere Sphäre gerückt und dadurch zu unserem Vermögen gemacht haben... Der Mensch ist nicht Gegenstand unserer Herrschaft und darum kein Vermögensstück; seine Dienste sind daher an sich keine Vermögensdienste, d. h. keine aus dem Vermögen hervorgehende Dienste.... Die ganze Vorstellung von dem nothwendigen Vermögensinteresse der Obligationen ist ein Stück Alterthum, ein Stück alter Volkswirthschaft mit Sklavenwesen..."[38]. Die Eigentümlichkeit der Obligation unserer Rechtsordnung ist dagegen ihr geschäftsmäßiger Charakter. Kohler grenzt damit gleichzeitig bestimmte Lebensverhältnisse — Liebe, Anstand, Religion — aus dem Kreis der Rechtsgeschäfte aus[39]. Doch erschöpft sich seine Auseinandersetzung mit der Obligation gerade nicht in einer bloß negativen Beschreibung jener Gebiete, die außerhalb der Rechtsordnung stehen sollen. Kohler bemüht sich vor allem um den Inhalt des Rechtsgeschäftes und entwickelt eine Reihe von „Symptomen", deren Vorliegen die Geschäftsmäßigkeit eines Vorganges vermuten läßt[40]. Die Entgeltlichkeit eines Dienstes, die Tatsache,

---

[36] Obligationsinteresse S. 2 ff.
[37] a.a.O. S. 11.
[38] a.a.O. S. 13.
[39] a.a.O. S. 21. Der Gesichtspunkt der Geschäftsmäßigkeit klingt noch bei *Enneccerus-Lehmann*, Recht der Schuldverhältnisse, 15. Aufl., Tübingen 1958, S. 6 an, der die Formulierung *Kohlers* (a.a.O. S. 18) aufgreift, es gebe „eine Lebenssphäre, die nicht geschäftsmäßig ist und auch nicht geschäftsmäßig sein soll".
[40] a.a.O. S. 21 f., 23 f.

„daß Jemand die Dienste übernimmt, der die Leistung solcher Dienste zu seinem Lebenbsberufe macht", ferner die Beachtung einer Form, „in der geschäftliche Dinge abgemacht zu werden pflegen", gehören nach Kohler vornehmlich zu diesen besonderen Merkmalen der Geschäftsmäßigkeit. Geschäftlicher Charakter einer Vereinbarung ist aber auch „eher dann anzunehmen . . ., wenn Jemand den Leuten, denen er Dienste leistet, fern steht", ferner wenn Umstände vorliegen, „die für Strenge und Gebundenheit sprechen", womit Kohler in erster Linie die Gefährdung wichtiger Rechtsgüter wie Leben und Gesundheit, aber auch öffentlicher Veranstaltungen meint. Andrerseits „kommen alle von außen einwirkenden Momente in Betracht, aus denen zu entnehmen ist, daß Jemand die vertragsmäßige Geschlossenheit ablehnt und nur als Mann der Gesellschaft, nicht als Mann des Rechts eintreten will". Hier ist an alle Versprechungen auf gesellschaftlicher Ebene gedacht, etwa die Abmachung, der Gast X habe die Sylvesterbowle zu brauen.

Die Rechtswissenschaft ist einer näheren Beschäftigung mit den Gedankengängen Kohlers aus dem Wege gegangen. Seine differenzierende Betrachtungsweise, orientiert an der Abhängigkeit jeder Rechtsordnung von der konkreten Gestalt der sie umfassenden Kultur, vermochte auf eine das Rechtsgeschäft stärker abstrahierende Rechtsdogmatik keinen nachhaltigen Einfluß auszuüben. Dabei gebührt Kohler zweifellos das Verdienst, als erster die Bedingtheit des Rechtsgeschäftes von den sozialen Ordnungen erkannt zu haben. Nicht das formale Abstraktum „Rechtsgeschäft", aber dessen gegenständliche Komponente ist nach dem von Kohler gezeichneten Bild von gewissen typischen Verhaltensformen der Gesellschaft abhängig.

Die nähere Auseinandersetzung mit den Symptomen der Geschäftsmäßigkeit ergibt allerdings ein keineswegs einheitliches Bild. Zum Teil handelt es sich um Gesichtspunkte, die in der Tat das Geschäftsleben im engeren Sinne kennzeichnen. Die Entgeltlichkeit eines Dienstes und die berufsmäßige Ausübung von Diensten, mögen sie auch einmal unentgeltlich gewährt werden, bilden jedenfalls gemeinsam ein sicheres Merkmal des Rechtsgeschäftes. In dieser Fallgruppe werden sich kaum problematische Vorgänge finden. Die eigentlichen Schwierigkeiten tun sich auf, wenn derartig sichere Indizien nicht gegeben sind und ungewöhnliche Leistungen vereinbart werden. In solchen Situationen, die ja vor allen anderen der Abgrenzung bedürfen, muß Kohler im wesentlichen auf die Form des Versprechens und sonstige äußere Momente verweisen, aus denen sich die Ablehnung der vertraglichen Bindung durch einen Beteiligten erschließen läßt. Damit gerät Kohler aber unversehens auf eine ganz andere Ebene des rechtsgeschäftlichen Verhaltens: die der Willensrichtung. Denn es läßt sich schwer leugnen, daß die Parteien die Gestaltung der Form einer Vereinbarung selbst in der

I. Begriffsjuristische Ansätze zur Bestimmung des Rechtsgeschäftes

Hand haben, und auch den „von außen einwirkenden Momenten" kann Kohler letztlich doch nichts anderes als den Hinweis entnehmen, die Vertragspartner wollten sich nicht vertraglich binden. Die von Kohler angeführten Beispiele[41] zeigen zwar, daß er hier vor allem an Vereinbarungen im gesellschaftlichen Verkehr denkt. Aber da dieser Umstand allein nicht genügen kann, eine Verhaltensweise als nicht rechtsgeschäftlich zu beurteilen, sieht er sich genötigt, auf den Verpflichtungswillen zurückzugreifen[42]. Kohlers Beispiel[43], jemand übernehme in einem Graecaverein die Interpretation schwieriger Texte, läßt sich denn auch mit dem Hinweis auf den gesellschaftlichen Rahmen nicht befriedigend lösen. Da es sich in diesem Fall in der Regel um einen Graecisten handeln wird, spricht dessen normalerweise berufsmäßig erbrachte Leistung nach Kohlers eigenem Schema für den rechtsgeschäftlichen Charakter des Vorganges. Der Verpflichtungswille bietet sich als Korrektiv an. Kohler lehnt diese Lösungsmöglichkeit zwar ausdrücklich ab, wenn er sagt: „Ob etwas nach diesen Kriterien gesellschaftlich oder juristisch wirkt, ist natürlich eine Frage der menschlichen Ordnung und unterliegt daher nicht dem Belieben der Parteivereinbarung". Doch bieten die von Kohler entwickelten Kriterien einfach nicht genügend Spielraum, um die Fülle der möglichen Fallgestaltungen zu erfassen. Für Leistungen im Familienkreis, etwa Unterhaltszahlungen, bietet der Katalog kaum einen Ansatzpunkt. Ähnlich verhält es sich mit den mehrfach erwähnten täglichen Hilfeleistungen, die regelmäßig von fernerstehenden Personen vollbracht werden und daher mit dem Schema Kohlers eher den Rechtsgeschäften zuzurechnen wären. Für eine Reihe anderer Beispiele, wie *Windscheids* Fall des Klavierspielers oder die vorübergehende Gestattung der Grundstücksbenutzung, lassen sich ebenfalls kaum Lösungshinweise finden. Endlich ist auch der Kreis der Dienstleistungen von Kohler so eng umgrenzt worden, daß gelegentlich vorkommende branchenfremde Aufträge nicht zu erfassen sind.

Kohlers zu eng konzipiertes Instrumentarium charakterisiert also im Grunde nur die Masse der typischen Rechtsgeschäfte und leistet darüber hinaus noch einen begrenzten Beitrag zur Definition des Handelns im gesellschaftlichen Bereich. Das so gewonnene Bild bleibt flächig, es entbehrt der dritten Dimension des gesellschaftlichen Umkreises, in den Kohlers „Symptome" zu stellen sind, will man zureichende Antworten erwarten. Die entwickelten Gesichtspunkte geben dem Begriff der Ge-

---

[41] a.a.O. S. 24: Versprechen auf einer Gesellschaft, einen Punsch zu brauen, über Juridika zu konversieren, etc.
[42] a.a.O. S. 24: „Ferner kommen ... alle von außen einwirkenden Momente in Betracht, aus denen zu entnehmen ist, daß Jemand die vertragsmäßige Geschlossenheit *ablehnt* und nur als Mann der Gesellschaft, nicht als Mann des Rechts eintreten *will!*"
[43] a.a.O. S. 24.

schäftsmäßigkeit ein spezifisches Aussehen, aber dieses spiegelt nur einen Teil des Problemkreises wider. Dieses Ergebnis erscheint kaum zufällig. Eine Berücksichtigung weiterer Momente würde den Begriff der Geschäftsmäßigkeit des ihm eigenen Sinngehaltes berauben. Greift Kohler auch einige Merkmale der sozialen Wirklichkeit auf, so zwingt ihn doch die Bindung an einen sehr eng umgrenzten Begriff des Geschäfts zu einer weitgehenden Beschränkung in der Auswahl der einzelnen Verhaltensformen. Gerade zur Lösung der problematischen Fälle vermag Kohler daher wenig beizutragen.

4. Die Ausgrenzung einzelner Lebensbereiche

Gegenüber den Versuchen, den Inhalt des Rechtsgeschäftes positiv zu bestimmen, bietet sich prinzipiell die Möglichkeit an, Sachbereiche festzustellen, die nicht zum Objekt einer rechtsgeschäftlichen Regelung gemacht werden können. Mit dieser Methode der negativen Ausgrenzung einzelner, dem Recht grundsätzlich nicht zugänglicher Lebensverhältnisse muß sich im Ergebnis ebenfalls der Gegenstand des Rechtsgeschäftes fixieren lassen. In der Literatur ist dieser scheinbar mühelosere Weg auch häufig beschritten worden. Geradezu ein Gemeinplatz ist die leichthin geäußerte Behauptung geworden, im Bereich der Familie, der Liebe und Freundschaft, des Anstandes, des gesellschaftlichen Verkehrs und der Religion seien rechtsgeschäftliche Bindungen nicht denkbar[44]. Die Frage, ob insoweit dem Rechtsgeschäft jede Bedeutung abzusprechen ist, stellt sich also allein von der Sache her. Die Überzeugung, daß bestimmte Lebensbereiche ihrer Natur nach dem Recht entzogen sind, hat zur Bildung entsprechender Sachgruppen geführt. Die Problematik des Rechtsfolgewillens bleibt dabei völlig ausgeklammert[45]. Sie ist scharf zu unterscheiden von der möglichen Feststellung materieller Abgrenzungskriterien. Stehen einzelne Lebensbereiche außerhalb der Rechtsordnung, dann ist ein dennoch artikulierter Rechtsfolgewille ohne jede rechtliche Konsequenz.

---

[44] Vgl. oben Anm. 39 S. 23, ferner seien aus der Fülle der in der Literatur anzutreffenden Äußerungen erwähnt: *v. Thur* a.a.O. II, 1, S. 182; Carl *Crome*, System des Deutschen Bürgerlichen Rechts, 2. Bd., Tübingen u. Leipzig 1902, S. 20; Philipp *Heck* a.a.O. S. 19; *Sugg* a.a.O. S. 12 f.; *Gonnermann* a.a.O. S. 19; *Enneccerus-Lehmann* a.a.O. S. 6; *Flume* a.a.O. S. 82.

[45] Die Vermengung sachlicher Abgrenzungskriterien mit dem subjektiven Merkmal des Rechtsfolgewillens gehört zu den betrüblichsten Erscheinungen der einschlägigen Literatur. Es ist geradezu üblich geworden, aus der äußeren Gestalt einer Vereinbarung auf das Vorhandensein des Rechtsfolgewillens zu schließen oder eine solche Schlußfolgerung abzulehnen, ohne sich der Frage zu stellen, was nun gelten soll, wenn die Parteien über ihren Rechtsfolgewillen bestimmte Aussagen machen. Erst mit dieser Überlegung wird die ganze Schärfe der Problematik sichtbar. Vgl. dazu unten S. 41 die Erörterung von BGH 21, 102 und die Zitate aus der Literatur in Anm. 49 S. 31.

I. Begriffsjuristische Ansätze zur Bestimmung des Rechtsgeschäftes 27

Suchen wir die Eigenart der zunächst sehr allgemein umschriebenen, außerrechtlichen Sachverhalte näher zu bestimmen, so fällt auf, daß sie überwiegend im geschriebenen Recht keine Regelung gefunden haben. Da das Gesetz die Verhaltensformen des gesellschaftlichen und freundschaftlichen Verkehrs als einen geschlossenen Kreis spezifischer Akttypen nicht kennt, scheinen sie sich der ordnenden Funktion des Rechts zu entziehen. Darüber hinaus ist das Bedürfnis zu einer Regelung des gesellschaftlichen Verhaltens als einer besonderen Ebene menschlichen Handelns, des familiären und religiösen Lebens äußerst zweifelhaft. Es scheint einleuchtend, daß die Rechtsordnung in ganz andere Bereiche des zwischenmenschlichen Zusammenlebens regulierend einzugreifen hat. Was das positive Recht nicht in sich aufnimmt, muß sich — von der richterlichen Rechtsfortbildung abgesehen — aus dem Gebiet des rechtsgeschäftlichen relevanten Verhaltens ausgrenzen lassen.

Diese Überlegung, geprägt durch den Gesetzespositivismus des späten 19. Jahrhunderts, steht im Hintergrund der herkömmlichen Lehre. Indessen drängt sich die Frage auf, ob die skizzierte Betrachtungsweise nicht Trugschlüsse enthält, die aus einer voreiligen Beurteilung des von unserer Rechtsordnung geregelten Rechtsstoffes herrühren. Denn die Normen des Familienrechts lassen sich ebensowenig übersehen wie die zahlreichen Rechtsgeschäfte im gesellschaftlichen Leben, etwa die Schenkungen und die vielfältigen gemeinschaftlichen Unternehmungen von gesellschaftsrechtlicher Bedeutung. Und natürlich ist ein Kaufvertrag unter Freunden ebensogut möglich wie ein Werkvertrag über den Bau einer Kirche[46]. Die globale Herauslösung ganzer Lebensbereiche aus der Sphäre des Rechtsgeschäftes ist undurchführbar. Das Gesetz trifft auch Regelungen für Vorgänge, die im gesellschaftlichen und familiären Bereich überaus häufig sind. Damit aber werden wir auf eine wesentliche Fehlerquelle dieser so selbstverständlich erscheinenden Theorie hingewiesen. Sie geht im Grunde von der falschen Voraussetzung aus, das positive Recht regele bestimmte soziale Betätigungskreise des Menschen, während andere von der Normierung gänzlich ausgeschlossen bleiben. Die Behauptung, der gesellschaftliche und freundschaftliche Verkehr sei nicht Gegenstand des Rechtsgeschäftes, wäre nur dann richtig, wenn die Rechtsordnung andere Teile des sozialen Lebens, zum Beispiel das Berufs- oder Geschäftsleben, einer einheitlichen Normierung unterwerfen würde. Aber gerade davon kann keine Rede sein. Zwar sind die wichtigsten Vorgänge des Geschäftslebens, wie Kauf, Darlehen, Miete, in die Rechtsordnung einbezogen, doch nicht als Teil eines Normenkreises „Geschäftsleben", sondern als abstrakt gefaßte Tatbestände und daher auf unterschiedliche soziale Verhältnisse anwendbar. Der Ab-

---

[46] Vgl. die Polemik von *Dernburg* a.a.O. S. 219.

straktionsgrad der im BGB enthaltenen Normen schließt ihre Beschränkung auf ganz bestimmte Lebensverhältnisse aus. Damit aber entfällt andererseits die Möglichkeit, ganze Bereiche des sozialen Lebens aus dem Geltungsbereich der Rechtsordnung auszuklammern.

Es kann daher wenig verwundern, wenn die in der Literatur entwickelten Vorstellungen zuweilen nur bestimmte Verhaltensformen aus den genannten Lebensbereichen vom rechtsgeschäftlichen Verkehr ausschließen wollen. So spricht man von den „menschlichen Beziehungen" außerhalb der Rechtsordnung[47], ohne den Begriff freilich näher zu präzisieren. Gemeint sind nach dem Wortsinn Handlungen, die durch eine besondere subjektive Beziehung unter den beteiligten Personen gekennzeichnet sind. Der nur menschliche Kontakt weist sich primär durch seine emotionale Komponente aus. Die innere Hinwendung zu einer anderen Person ist die eigentliche Ursache für die konkrete Übereinkunft. Insofern ist die menschliche Beziehung von rein sachbezogenen Kontakten zu unterscheiden. Die Masse der Rechtsgeschäfte wird um eines sachlichen Erfolges willen vollzogen. Da die Unterscheidung aber allein auf der subjektiven Einstellung der Parteien beruhen kann, ist bei konsequenter Durchführung des angedeuteten Abgrenzungsverfahrens die Einbeziehung herkömmlich rechtsgeschäftlicher Verhaltensweisen in den Raum des nur menschlichen Kontakts nicht zu vermeiden. Vermieten Eltern in ihrem Hause eine Wohnung an die verheiratete Tochter zu einem günstigen Mietpreis, dann wird die Ursache dieses Vertrages häufig im menschlich-emotionalen Bereich zu suchen sein. Nur der eigenen Tochter bietet man unter günstigen Bedingungen eine Wohnung an, die unter anderen familiären Verhältnissen vielleicht gar nicht vermietet worden wäre. Aber soll das genügen, einer solchen Vereinbarung prinzipiell den rechtsgeschäftlichen Charakter abzusprechen? Ähnliche Fallgestaltungen sind im täglichen Leben nicht gerade selten. Jemand schenkt seiner Verlobten einen Hund, dessen Gefährlichkeit ihm in grob fahrlässiger Weise unbekannt geblieben ist. Die Haftung gem. § 521 BGB müßte im Schadensfall verneint werden, wenn für die Schenkung allein die menschliche Beziehung zwischen den Verlobten bestimmendes Moment war. Rechtsgeschäfte jeglicher Art können in erster Linie durch das persönliche Verhältnis der Parteien motiviert sein. Deren subjektive Haltung wird man daher als brauchbares Abgrenzungskriterium nicht akzeptieren dürfen. Das ergibt sich nicht zuletzt aus der Regelung der Schenkung durch den Gesetzgeber. Dieses Rechtsgeschäft ist wohl überwiegend durch die persönlichen, „rein menschlichen" Beziehungen der Geschäftspartner gekennzeichnet, es ist per definitionem „Gefälligkeitsakt", in der Rechtswirklichkeit vor allem

---

[47] So insbes. *Flume* a.a.O. S. 82.

I. Begriffsjuristische Ansätze zur Bestimmung des Rechtsgeschäftes 29

im familiären und freundschaftlichen Bereich angesiedelt. Das Gesetz schließt trotz dieser Umstände die Schenkung aus dem Kreis der regelungsbedürftigen Vorgänge nicht aus.

Der Erwägung wert ist die Frage, ob nicht wenigstens diesseits des typischen Rechtsgeschäftes der Gesichtspunkt der menschlichen Beziehung einige Dienste zu leisten vermag. Es ist gewiß richtig, daß vielerlei Vorgänge innerhalb der Familie bloß tatsächliche Formen des Zusammenlebens ohne jede rechtliche Bedeutung sind. Die Abrede unter Ehegatten, am nächsten Wochenende das Theater zu besuchen, ist nichts weiter als ein Stück Zusammenleben, reines Faktum von rein zufälliger Ähnlichkeit mit der Willensübereinstimmung des rechtserheblichen Vertrages. Aber man darf sich fragen, ob in diesem Falle die Ablehnung des Rechtsgeschäftes wirklich auf die „menschliche Beziehung" zwischen den Ehegatten zurückzuführen ist. Denken wir uns die gleiche Situation zwischen zwei nur befreundeten Personen, von denen eine dem verabredeten Theaterbesuch ohne Grund fernbleibt und die andere nunmehr Ersatz der schon gemachten Auslagen — die Unkosten für eine oder zwei Theaterkarten — verlangt, dann wird das Kriterium der Freundschaft doch recht fragwürdig. Soll die menschliche Verbundenheit Rechtspflichten ausschließen? Einen solchen Satz kennt unsere Rechtsordnung nicht. Hinzu kommt, daß die menschlichen Beziehungen Abstufungen und Schwankungen unterliegen. Konsequent weitergedacht, müßten auch aus dem unter Ehegatten verabredeten Theaterbesuch Rechtsfolgen erwachsen können, wenn das Maß der ehelichen Bindung nur noch gering einzuschätzen ist. Damit aber scheint die Grenze dessen erreicht, was mit dem Hinweis auf die menschliche Beziehung gemeint sein kann. Die subjektive Haltung der Parteien steht an Bedeutung hinter den konkreten sozialen Gegebenheiten zurück. Der unter Ehegatten abgesprochene Theaterbesuch ist als eine Form des ehelichen Zusammenlebens mit der entsprechenden Abrede unter nur bekannten Personen nicht vergleichbar. Die notwendig subjektive Struktur der menschlichen Beziehung macht diese als Abgrenzungskriterium untauglich. Und endlich: das Maß dieser Beziehungen, der Grad ihrer Intensität läßt sich von den Beteiligten steuern. Dieser Gesichtspunkt muß daher als Teil des Willens erkannt werden, als eine den Parteien gegebene Möglichkeit, rechtliche Bindungen herbeizuführen. Damit ist die Ebene verlassen, auf der das Rechtsgeschäft durch Bestimmung seines Gegenstandes objektiv von nicht rechtsgeschäftlichen Vorgängen unterschieden werden könnte.

Zusammenfassend läßt sich bisher festhalten, daß alle Versuche, den Inhalt des Rechtsgeschäftes begrifflich präzise zu beschreiben, unbefriedigende Resultate gezeigt haben. Zwar werden jeweils wesentliche Momente angesprochen, die bei der Frage nach den Grenzen des Rechtsgeschäftes durchaus im Auge zu behalten sind. Doch leiden alle erörterten Kriterien unter dem gemeinsamen Mangel, daß sie dem formal konzipierten Begriff des Rechtsgeschäftes nachträglich einen Sachbereich zuordnen wollen, ohne der Vielgestaltigkeit der herkömmlicherweise als Rechtsgeschäft betrachteten Vorgänge gerecht werden zu können.

II. Parteiautonome Verfügung über den Eintritt der rechtsgeschäftlichen Bindung

1. Der Rechtsfolgewille als Kriterium der Abgrenzung

Läßt sich der materiale Gehalt des Rechtsgeschäftes begrifflich nicht bestimmen, dann stellt sich die Frage, welchen Weg der formal konzipierte Rechtsgeschäftsbegriff selbst weist, rechtsgeschäftliche von nicht rechtsgeschäftlichen Vorgängen zu unterscheiden. Das begriffliche Denken vermag eine Sache nur zu erfassen, indem es sie zugleich von anderen Gegenständen isoliert. Dem Begriff wohnt notwendig die Fähigkeit der Abgrenzung inne. Eine nähere Betrachtung der herkömmlichen Definition des Rechtsgeschäftes muß also auch Möglichkeiten eröffnen, die spezifische Eigenart rechtsgeschäftlichen Handelns gegenüber sonstigen Verhaltensweisen zu bestimmen.

Der Begriff des Rechtsgeschäftes weist einen doppelten Bedeutungsgehalt auf. Er ist einmal definiert durch das autonome Handeln des Menschen, als Akt der Selbstbestimmung, als das Wollen eines Erfolges im äußeren Dasein. Den zweiten Bestandteil der Definition bildet der Bezug dieses autonomen Handelns zur Sphäre des Rechts. Aus dem Kreis der willentlich gesetzten Akte wird nur eine bestimmte Gruppe als rechtsgeschäftliches Handeln charakterisiert. Dies geschieht wiederum auf doppelte Weise: das autonome Handeln soll der objektiven Rechtsordnung entsprechen. Diese sachliche Komponente des Rechtsgeschäftsbegriffs hat sich zur Ausgrenzung des nicht rechtsgeschäftlichen Handelns als untauglich erwiesen. Zum anderen ist nur jenes Wollen als rechtsgeschäftlich anzusprechen, das auf die Hervorbringung eines rechtlichen Erfolges gerichtet ist. Seit langem sehen Rechtssprechung und Literatur im Rechtsfolgewillen einen notwendigen Bestandteil der Willenserklärung und damit des Rechtsgeschäftes[48]. Daß so ein scheinbar probates Abgrenzungskriterium in die Hand gegeben ist, bedarf kaum einer eingehenden Erläuterung. Ist im konkreten Fall für beide Parteien das Vorliegen des Rechtsfolgewillens zu bejahen, kann auch die rechtsgeschäftliche Qualität der Vereinbarung nicht geleugnet werden und umgekehrt. Hat nur eine Partei den Willen, einen rechtlichen Erfolg herbeizuführen, die andere aber nicht, ist der Vertrag in der

---

[48] Vgl. dazu im einzelnen unten S. 39 und Anm. 49 S. 31.

II. Verfügung über Eintritt der rechtsgeschäftlichen Bindung 31

Regel wegen Dissens nicht zustandegekommen. Der Rechtsfolgewille erweist sich in der Tat als der Baustein des Rechtsgeschäftsbegriffs, der diesen gegenüber einer Fülle andersartiger Handlungsformen sicher abschließt. Diese Feststellung ist angesichts der vom Parteiwillen geprägten Theorie des Rechtsgeschäftes nur konsequent.

Das Abgrenzungskriterium „Rechtsfolgewille" beherrscht einen großen Teil der wissenschaftlichen Literatur, wenn auch häufig in unklarer Verbindung mit objektiven Gesichtspunkten[49]. Weitgehend unbeachtet jedoch sind die sich aufdrängenden Konsequenzen dieser Lehre geblieben. Wenn der Wille, einen rechtlichen Erfolg herbeizuführen, allein entscheidend für das Vorliegen eines Rechtsgeschäftes sein soll, dann kann auch der banalste Vorgang des täglichen Lebens bei entsprechender Willensintention zum Rechtsgeschäft erhoben werden. Dem läßt sich nicht mit dem Einwand begegnen, der Verabredung zu einem gemeinsamen Spaziergang fehle eben der auf einen Rechtserfolg zielende Wille. Als ein seinem Wesen nach rein subjektives Merkmal des Rechtsgeschäftes können die Parteien den Rechtsfolgewillen ausdrücklich artikulieren[50], ohne daß sich ein Mangel dieses Willens unterstellen ließe. Alle Schulfälle nicht rechtsgeschäftlicher Vereinbarungen, von der gesellschaftlichen Einladung bis zur Gefälligkeitsfahrt können danach Rechts-

---

[49] Ohne Einschränkung stellen auf den Rechtsfolgewillen ab Reimer *Schmidt* in *Soergel-Siebert*, Rd.-Nr. 3 zu § 241; im Ergebnis *Laband*, Zum zweiten Buch des Entwurfes eines bürgerlichen Gesetzbuches für das Deutsche Reich, AcP 73 (1888) S. 161—208, 171; *Ermann*, Handkomm. z. BGB 3. Aufl. 1962, Einleitung vor § 241 Nr. 7; *Esser*, Schuldrecht I, 3. Aufl., Karlsruhe 1968, S. 88; *Krückmann*, Gefälligkeitsverträge, a.a.O. S. 114 ff.; Willy *Martel* a.a.O. S. 18 ff. 29; Bernd *v. Dewitz* a.a.O. S. 34; *Balzereit* a.a.O. S. 18. *Schröder* a.a.O. S. 31 und *Lucas* stellen zwar auf den Rechtsfolgewillen ab, suchen jedoch den sich daraus für die Vereinbarungen des gesellschaftlichen Bereichs ergebenden Konsequenzen mit dem Hinweis auf § 138 BGB zu entgehen. Diesen Weg hat mit Recht schon *v. Thur*, Allg. Teil II, 1, S. 183 als ungangbar bezeichnet. Vgl. dazu ferner auch Ernst *Eckstein*, Zur Lehre von der Nichtigkeit des Vertrages wegen Unsittlichkeit, Arch. f. Bürg. R. 38 (1913) S. 195 bis 213, 196 ff., der mit Recht hervorhebt, daß vor der Berufung auf die Unsittlichkeit eines Vertrages die Frage zu stellen ist, ob der Vertrag seines Inhalts wegen überhaupt geschlossen werden konnte. Vgl. auch u. Anm. 26, S. 67. *Windscheid*, Pandekten II, S. 288 Anm. 8 meint, rein gesellschaftlichen Vereinbarungen fehle es an der Absicht der Parteien, einen bindenden Vertrag zu schließen. Ähnlich erklärt Carl *Crome* a.a.O. Bd. 2, S. 20, in den außerhalb der Rechtssphäre liegenden Bereichen Sittlichkeit, Liebe, Anstand, Religion, bloße Laune, Geselligkeit ist „der rechtsgeschäftliche Verpflichtungswille zu verneinen". *Enneccerus-Lehmann* a.a.O. S. 6 verneint die Absicht rechtlicher Bindung, wenn ein schutzwürdiges oder geschäftsmäßiges Interesse zu verneinen sei. Liege ein solche Absicht dennoch vor, handele es sich um einen Fall des § 138 BGB. Reichen diese Gesichtspunkte nicht aus, dann „muß beim Fehlen jedes schutzwürdigen Interesses die Rechtshilfe versagt werden". Die Argumentation dreht sich im Kreise, ohne daß die Beziehung, in der die verschiedenen Elemente zueinander stehen, klar wird.

[50] Erstaunlicherweise wird dieser so naheliegende Gedanke in der Literatur nur selten zur Sprache gebracht, vgl. aber *Hellwig*, Grenzen S. 233.

geschäft sein, wenn die Parteien dies wollen und erklären[51]. Umgekehrt darf man nicht übersehen, daß auch ausgesprochen rechtserhebliche Vorgänge, wie der Abschluß eines Kaufvertrages, durch ausdrückliche Ablehnung rechtlicher Bindungen aus dem Geltungsbereich der Rechtsordnung entfernt werden können. Wollen die Parteien zwar den mit dem Vertragsschluß bezweckten wirtschaftlichen Erfolg, nicht aber ein Rechtsinstitut „Kaufvertrag" vereinbaren, dann fehlt es mangels Rechtsfolgewillen an einem Rechtsgeschäft. Ob die Parteien Rechtsfolgewillen haben oder nicht, ist ihrem ureigensten Entschluß anheimgegeben. Objektive Kriterien mögen helfen, diesen Willen zu ermitteln. Sie versagen, wenn die Parteien den Rechtsfolgewillen ausdrücklich bejaht oder verneint haben.

Man muß sich darüber im klaren sein, daß der Rechtsfolgewille nur in dieser konsequenten Konzeption eine scharfe Abgrenzung ermöglicht. Der Versuch, mit Hilfe objektiver Gesichtspunkte die sich ergebenden logischen Folgerungen zu mildern, würde in die ergebnislosen Bemühungen um den sachlichen Inhalt des Rechtsgeschäftes münden. Die auf den ersten Blick theoretisch befriedigende Lösung der Abgrenzungsproblematik birgt freilich eine tatsächliche Schwierigkeit in sich, die ihren Wert sehr in Frage stellt. In der ganz überwiegenden Mehrzahl aller Vereinbarungen gleich welcher Art äußern sich die Beteiligten nicht ausdrücklich darüber, ob sie das angestrebte wirtschaftliche Ziel auf rechtlichem Wege oder außerhalb der Rechtsordnung erreichen wollen. Das hat zur Folge, daß im Streitfall der Richter diesen Willen aus den Umständen zu ermitteln hat. Nach welchen Kriterien er dies tun soll, bleibt offen. Die Lehre vom Rechtsfolgewillen gibt insoweit kaum brauchbare Hinweise. Die ganze Frage, wann ein Rechtsgeschäft anzunehmen ist und wann nicht, ist in der aufgezeigten Weise also theoretisch zwar lösbar, praktisch bleibt sie aber weiterhin im Dunkeln. Das Problem wird lediglich auf eine andere Ebene verschoben. Der tatsächliche Nutzen des aus dem Begriff des Rechtsgeschäftes zu entnehmenden Kriteriums ist also gering.

Nicht zuletzt aus diesem Grunde ist in der Rechtswissenschaft auf breiter Basis der Versuch unternommen worden, mit dem Begriff des Gefälligkeitsverhältnisses die ohne Rechtsfolgewillen geschlossenen Vereinbarungen positiv zu beschreiben. Diese vielfältigen Bemühungen um

---

[51] Vgl. dazu insbes. *Laband* a.a.O. S. 171: „Hiernach kann die bekannte Frage, ob das Engagement zu einem Walzer oder die Verabredung eines gemeinschaftlichen Spaziergangs ein Schuldverhältnis begründe, nach dem Entwurf wohl nicht anders als mit Ja beantwortet werden ... Da das Gesetz weder ein Vermögensinteresse noch irgendein anderes schutzwürdiges Interesse verlangt, so bleibt kein anderes Erfordernis übrig, als die Ernstlichkeit des Versprechens, der Wille sich wirklich einem anderen gegenüber zu einem gewissen Verhalten zu verpflichten."

die Herausarbeitung einer besonderen Rechtsfigur, die alle Erscheinungen nicht rechtsgeschäftlichen Handelns in sich begreift, kamen über die Skizzierung schemenhafter Konturen nicht hinaus. Gemeinhin wird das Gefälligkeitsverhältnis durch die Merkmale der Unentgeltlichkeit, das überwiegende Interesse eines anderen an der zu erbringenden Leistung und das Fehlen eines rechtlichen Anspruchs auf die Leistung definiert[52]. Unentgeltlichkeit und Uneigennützigkeit sind ohne Zweifel häufig zu beobachtende Begleitumstände nicht rechtsgeschäftlicher Vereinbarungen. Aber ebenso gewiß ist, daß es unentgeltliche und im Interesse eines anderen abgeschlossene Rechtsgeschäfte gibt. So sah man sich gezwungen, zwischen Gefälligkeitsverhältnis und Gefälligkeitsvertrag zu unterscheiden, ohne ein anderes Abgrenzungskriterium nennen zu können als den Willen der Parteien, sich rechtsgeschäftlich zu verpflichten[53]. Die zu den Gefälligkeitshandlungen angestellten Überlegungen konnten nicht weiterführen, weil in Wahrheit nicht den Interessen der Beteiligten, sondern ihren Motiven eine entscheidende Funktion zugewiesen wurde. In die Systematik des Gesetzes ist das Gefälligkeitsverhältnis daher nicht einzufügen. Es mußte zwangsläufig auf den mangelnden Willen der Parteien, sich rechtsgeschäftlich zu binden, zurückgeführt werden.

2. Rechtsphänomenologische und rechtssoziologische Bedenken

Die aufgezeigten Konsequenzen der Theorie vom Rechtsfolgewillen fordern eine prinzipielle Überprüfung der theoretisch scheinbar befriedigenden Lösung heraus. Die den Parteien zugesprochene Fähigkeit, nach Belieben rechtsgeschäftliche Wirkungen hervorzubringen oder zu verhindern, erweist den eigentlichen Charakter dieses zum Kanon der Rechtsgeschäftslehre gehörenden Willenselements. Nicht die Tatsache, daß die Parteien im Rahmen eines Rechtsgeschäftes Rechtsfolgen wollen, macht den wesentlichen Gehalt des Rechtsfolgewillens aus, sondern das in ihm enthaltene Urteil über die Rechtsgeschäftlichkeit eines Vertrages. Die mit einer Vereinbarung angestrebten Rechtsfolgen können sehr verschiedener Art sein. Sie lassen sich — als Leistungsanspruch, causa einer Vermögensverschiebung usw.[54] — in ihrer konkreten Gestalt exakt beschreiben und werden auch regelmäßig vom Willen der Vertragspartner umfaßt. Der Rechtsfolgewille als ein Element des Rechtsgeschäftsbegriffs bezieht sich dagegen auf die Rechtserheblichkeit der Vereinbarung überhaupt. Er enthält eine Wertung der Parteien über den Rechtscharakter ihres Handelns. Die Rede vom Willen der Parteien, Rechtsfolgen herbeizuführen, verschleiert den in diesem Be-

---

[52] So die derzeit h. L., vgl. insbes. *Staudinger-Weber*, Einleitung vor § 241 Rd.-Nr. J 17.
[53] a.a.O. J 18.
[54] Dazu unten eingehend S. 44 ff.

griff enthaltenen doppelten Sinn. Die Vereinbarung konkreter Rechtsfolgen ist streng zu unterscheiden von dem Werturteil der Parteien über den rechtsgeschäftlichen Charakter der Absprache. Dieser letztere Sinn ist gemeint, wenn von der Abgrenzungsfunktion des Rechtsfolgewillens gesprochen wird. Da die Parteien eine „lex contractus" schaffen, entscheiden sie nicht nur, wie das Rechtsgefüge des Vertrages aufzubauen ist, sondern auch darüber, ob das Vertragsgebilde überhaupt der Rechtsordnung unterworfen werden soll. Das Prinzip der Privatautonomie führt in der herrschenden Lehre also dazu, den Vertragspartnern auch die Bestimmung des Geltungsgrundes ihrer Vereinbarung — Recht, Sitte, kaufmännische Usancen usw. — zu überlassen[55].

Besonders eindrucksvoll zeigt sich diese Tendenz, den Abschluß eines Vertrages auf außerrechtlicher Grundlage zu akzeptieren, in der angelsächsischen Rechtssprechung[56]. In der Streitsache Rose and Frank Co. v. Crampton[57], auf die *Reuss* aufmerksam gemacht hat[58], wurde das Vorliegen einer rechtswirksamen Vereinbarung verneint, weil die Vertragspartner einen Lieferungsvertrag unter ausdrücklicher Ablehnung jeder rechtlichen Bindung geschlossen hatten. Nach Ansicht des Richters waren die Parteien nur in ihrer Ehre gebunden. Eine ähnliche Entscheidung hat das OLG Hamburg getroffen[59]. Das Recht erscheint in dieser Sicht nur als eine von mehreren Möglichkeiten, sich gegenüber einer anderen Person zu verpflichten. Das Versprechen des gentlemen, das Wort des ehrbaren Kaufmannes vermag im überkommenen, wenn auch zur Ideologie erstarrten Selbstverständnis der Kaufmannschaft das Recht als Verpflichtungsgrund zu ersetzen.

Derartige Gedankengänge sind nur möglich, wenn die Parteien selbst über die rechtsgeschäftliche Qualität ihrer Vereinbarung entscheiden. Diese Voraussetzung ist nur verständlich vor dem Hintergrund der geistesgeschichtlichen Entwicklung des 19. Jahrhunderts. Die Rechtsgeschäftslehre des 19. Jahrhunderts verstand den Willen als Grund rechtlicher Verpflichtung schlechthin. Sie war geprägt durch die auf der Autonomie des Willens aufbauenden Freiheitsethik *Kants*[60], die von *Savigny* mit dem Begriff der Willensmacht in das Recht eingeführt

---

[55] So findet sich bei *v. Thur* II, 1, S. 171 die Möglichkeit erwähnt, daß „die Parteien ihre Verabredung ausdrücklich auf einen anderen als den rechtlichen Boden stellen: eine Zusage wird z. B. eidlich oder ehrenwörtlich erteilt in dem Sinne, daß eine rechtliche Verpflichtung nicht entstehen soll."

[56] Dazu eingehend Karl Friedrich *Reuss* a.a.O. S. 486 ff.

[57] King's Bench Division 1923 Vol. II p. 261 und Appeal Cases 1925 p. 445.

[58] a.a.O. S. 487.

[59] Vgl. unten Anm. 78 S. 40.

[60] Grundlegung der Metaphysik der Sitten, Ausgabe der Kgl. Preuß. Akademie der Wiss., Berlin 1903, S. 440 ff.

II. Verfügung über Eintritt der rechtsgeschäftlichen Bindung

worden war[61]. Nur konsequent erscheint daher die Vorstellung, daß der Willenserklärung des einzelnen anheimgegeben ist, ob er sich rechtlich binden oder aber völlig außerhalb der Rechtsordnung handeln will. Im späten 19. Jahrhundert wurde dieser Gedanke mehr und mehr zu einer psychologisierenden Beschreibung der Willensinhalte ausgeweitet. Sein Kern hat jedoch die Rechtsgeschäftslehre bis zur Gegenwart entscheidend geprägt[62].

Die Lehre vom Rechtsfolgewillen steht und fällt also mit der Annahme, daß ein „eigentlich" der Rechtsordnung angehörender Vertrag als außerrechtliche Vereinbarung ebensogut möglich ist und andererseits typische nicht rechtsgeschäftliche Vereinbarungen durch den Willen der Parteien zu rechtsgeschäftlichen Vorgängen umgeformt werden können. Kann es außerrechtliche Kaufverträge, Dienstverträge usw. nicht geben, dann ist die Unterstellung eines wertenden Rechtsfolgewillens eine sinnwidrige Konstruktion. Diesen Konsequenzen kann man auch nicht mit einer Unterscheidung „spezifischer" Rechtsgeschäfte von typischerweise nicht rechtsgeschäftlichen Vorgängen entgehen, indem man nur für die letzteren einen besonderen Rechtsfolgewillen fordert. Mit der Einführung einer solchen Differenzierung würde sich sofort wieder die Frage nach ihren sachlichen Kriterien stellen. Die Notwendigkeit des Rechtsfolgewillens ist für das Rechtsgeschäft überhaupt zu erweisen. Ergibt sich, daß eine solche Willensrichtung häufig gegenstandslos ist, weil der Vertrag tatsächlich rechtliche Elemente enthält, dann kann der Grund für die Ausscheidung bestimmter Fallgruppen aus dem Kreis der Rechtsgeschäfte nicht im fehlenden Rechtsfolgewillen zu suchen sein. Gibt es Vereinbarungen, die ihrer Natur nach Rechtsgeschäfte sind, dann sind Vereinbarungen, für die diese Voraussetzung nicht zutrifft, ebenfalls auf Grund ihrer sachlichen Struktur Nicht-Rechtsgeschäfte.

Dem extrem subjektivistischen Ansatz einer Rechtsgeschäftslehre, die den Willen als alleinigen Grund rechtlicher Verpflichtung versteht und daher den Parteien auch anheimstellt, ob sie sich rechtsgeschäftlichen Wirkungen unterwerfen wollen oder nicht, ist also die Frage nach der sachlichen Eigenart des konkreten Vertrages entgegenzusetzen. Damit

---

[61] Vgl. System des heutigen römischen Rechts, Bd. 3, Berlin 1840, S. 98 ff.

[62] Die hier vorgenommene Differenzierung zwischen dem Wollen konkreter Rechtsfolgen und der Beurteilung dieses Wollens durch die Parteien berührt nicht den ausgestandenen Streit um Erklärungs- und Willenstheorie (vgl. *Enneccerus-Nipperdey*, Allg. Teil des Bürgerlichen Rechts, Bd. I, 2, 15. Aufl., Tübingen 1960, S. 1019 ff., 1023 f.). Die richtige Feststellung, daß Erklärung und Wille als eine Einheit zu verstehen sind (a.a.O. S. 1024; *Flume* a.a.O. S. 49 ff.) findet allerdings dort ihre Grenze, wo die Parteien dem vom Willen getragenen Erklärungsakt ein „überschießendes", also von diesem Erklärungsakt nicht gefordertes Willenselement hinzufügen. Das aber ist bei Auslassungen der Parteien über den Rechtscharakter ihres Handelns der Fall.

wird die von der Phänomenologie gestellte Forderung vernehmbar, das „Ding an sich", die sachimmanenten Strukturen auch juristischer Erscheinungen, eingehend zu analysieren und auf ihren Bezug zur Rechtsordnung zu überprüfen. Diese Problematik ist in der Rechtswissenschaft unter dem Schlagwort „Natur der Sache" seit langem beheimatet. Die verwirrende Vielfalt der unter diesem Begriff behandelten Fragestellungen kann hier nur angedeutet werden. Im Mittelpunkt der Diskussion stand bislang das Verhältnis von Rechtsnorm und vorpositiver Sachgesetzlichkeit, die Erlaubtheit einer Schlußfolgerung aus der Natur der Sache im Rahmen der Rechtsanwendung und darüber hinaus die Möglichkeit, in der Natur der Sache eine Rechtsquelle eigener Art zu erschließen[63]. Im Hintergrund steht das Aufbegehren gegen die Allmacht positivistischer Rechtssetzung, die ihre Grenzen an den Gegebenheiten der natürlichen und auch gesellschaftlichen Außenwelt finden soll. Weniger Beachtung wurde der Frage geschenkt, wie sich die „Natur" eines Vertrages, also die Summe der vereinbarten Rechte und angestrebten Zwecke, zum autonomen Willen der Parteien verhält. Das Problem, wie sich Rechtssetzung und Rechtswirklichkeit zueinander verhalten, kehrt auf der Ebene des Vertragsrechts in modifizierter Form wieder. Können die Parteien die Rechtsgeschäftlichkeit ihrer konkreten Vereinbarung selbst verbindlich — und willkürlich — bestimmen oder bildet ihre Abrede lediglich den tatsächlichen und rechtlichen Tatbestand, an den das Urteil der Rechtsordnung anschließt? Die Antwort auf diese Frage soll uns im zweiten Teil der Untersuchung eingehend beschäftigen. Hier mag es vorerst genügen, die Grundzüge einer sachorientierten Betrachtungsweise aufzuzeigen, die nicht Selbstzweck sein, sondern dazu dienen soll, die unbefriedigenden Ergebnisse der auf den Rechtsfolgewillen abstellenden Lehre zu korrigieren.

Von den „sachlogischen Strukturen"[64] des Vertrages zu sprechen ist nicht möglich, ohne Adolf *Reinachs* grundlegende Arbeit zu erwähnen[65].

---

[63] Die wichtigsten Arbeiten über die Natur der Sache finden sich in dem von Arthur *Kaufmann* herausgegebenen Sammelband „Die ontologische Begründung des Rechts", Darmstadt 1965, WdF XXII, im ersten Abschnitt. Vgl. insbes. Werner *Maihofer*, Die Natur der Sache, S. 52—86 (= ARSPh 44, 1958, S. 145 ff.); Noberto *Bobbio*, Über den Begriff der Natur der Sache, S. 87 bis 103 (= ARSPh 44, 1958, S. 305 ff.); Alessandro *Baratta*, Natur der Sache und Naturrecht, S. 104—163 (= Rivista internazionale di Filosofia del Diritto, 36, 1959, S. 177 ff.); Herbert *Schambeck*, Der Begriff der „Natur der Sache", S. 164—192 (= Österr. Ztschr. f. öff. R. N. F. Bd. 10, 1960, S. 452 ff.). Vgl. ferner Gerhard *Husserl*, Recht und Welt, enthalten in der gleichnamigen Aufsatzsammlung, Frankfurt 1964, S. 67 ff. Herbert *Schambeck*, Der Begriff der „Natur der Sache", Wien 1964.

[64] Vgl. Hans *Welzel*, Naturrecht und materiale Gerechtigkeit, Göttingen 1955, S. 197.

[65] Die apriorischen Grundlagen des Bürgerlichen Rechts, Jahrbuch für Philosophie und phänomenologische Forschung, 1913, Neuauflage unter dem

II. Verfügung über Eintritt der rechtsgeschäftlichen Bindung

Reinach hat die Frage nach dem Wesen der „rechtlichen Gebilde", nach ihrem — phänomenologisch verstandenen — Sein vor jeder positiven Rechtsordnung bekanntlich an den Elementen des Vertrages exemplifiziert. Daß aus dem Versprechen Anspruch und Verbindlichkeit folgen, aus der Erfüllung das Erlöschen der Verbindlichkeit, ist nach Reinach eine dem positiven Recht vorgegebene Gesetzmäßigkeit. Das gilt nicht nur für das rechtsgeschäftliche Handeln. „Es verspreche der A dem B, mit ihm spazierenzugehen, und B nehme das Versprechen an. Es entsteht eine entsprechende Verbindlichkeit des A und ein Anspruch des B"[66]. Reinachs unbestreitbares Verdienst ist es, darauf hingewiesen zu haben, daß der Vertrag in seinem Wesen nur als eine Erscheinung des Rechts begriffen werden kann. Er stellt sich dem Denken stets als ein spezifisch rechtliches Phänomen. Der Wille der Parteien vermag diese Eigentümlichkeit des Vertrages nicht zu hintergehen. Die vertragliche Absprache inhäriert die Bejahung ihres rechtlichen Charakters.

Schon diese Überlegungen zwingen zu der Schlußfolgerung, daß den Parteien nicht die Fähigkeit zugestanden werden kann, die rechtliche Qualität des Vertrages willkürlich zu beseitigen. Wer sich zur Erreichung seiner Zwecke einer rechtlichen Form bedient, kann nicht mit derselben Vereinbarung ein nur faktisches Handeln wollen. Konfrontieren wir dieses Ergebnis mit dem Inhalt des positives Rechts, so wird die wertende Funktion des Rechtsfolgewillens noch fragwürdiger. Das Recht stellt den Vertragspartnern eine Fülle verschiedenartiger Gestaltungsmöglichkeiten zur Verfügung. Die Nutzung dieser rechtstechnischen Bauelemente des Vertrages durch die Parteien gibt der getroffenen Abrede den Charakter einer rechtlich relevanten Vereinbarung. Es ist widersinnig, den Parteien eine Willensentscheidung über die Rechtserheblichkeit ihres Handelns zu unterstellen oder zuzubilligen, wenn ihre Willenseinigung ohnehin auf einen rechtlichen Erfolg zielt. Hinzu kommt, daß die Rechtsordnung zwingende Rechtssätze enthält, die durch keine Vereinbarung derogiert werden können. So gelten z. B. die Vorschriften zum Schutz des Schuldners[67] auch dann, wenn die Parteien erklärt haben, der ganze Vertrag werde auf der Basis von Ehre und Anstand, nicht aber auf dem Boden der Rechtsordnung abgewickelt. Der denkbare Einwand, hier liege ein Zirkelschluß vor, ist wenig überzeugend. Der eindeutige Befehl des Gesetzes ist vielmehr ein Indiz für die Unrichtigkeit einer Lehre, die dem Parteiwillen nicht nur die Derogation einzelner Vorschriften und Ansprüche erlaubt, sondern die Ausklammerung der Rechtsordnung überhaupt.

Titel „Zur Phänomenologie des Rechts", München 1953. Nach dieser Auflage wird zitiert.
[66] a.a.O. S. 25.
[67] Vgl. §§ 276 II, 618, 619, u. ä.

Die Klärung der sachlichen Struktur eines Vertrages hat also zunächst die konkreten Absprachen der Parteien unter Berücksichtigung des Vertragszweckes ins Auge zu fassen. Das ist nur möglich auf der Grundlage des objektiven Rechts, das den Rahmen der Parteiautonomie absteckt. Als dritte Komponente ist schließlich der soziologische Hintergrund des Vertrages in die Untersuchung miteinzubeziehen. Die phänomenologische Betrachtungsweise bedarf insofern der Ergänzung, als sie nicht in der Lage ist, die sich wandelnden sozialen Verhältnisse und die den sozialen Verkehr beherrschenden Wertungen zu erfassen. Jede Vereinbarung ist nicht nur durch ihren Inhalt, sondern ebenso durch die tatsächlichen Begleitumstände bestimmt. Den soziologischen Bedingungen sind nicht selten entscheidende Kriterien für die Beurteilung des Vertrages zu entnehmen, die nicht der Parteidisposition unterliegen können. So läßt sich etwa die phänomenologische Aussage, auch aus dem Versprechen eines Spazierganges resultiere eine Verbindlichkeit, nur durch den Hinweis auf die soziologische Eigenart rein gesellschaftlicher Vorgänge der Rechtswirklichkeit anpassen[68].

Die den Rechtsfolgewillen zum Kriterium des Rechtsgeschäftes erklärende Theorie eröffnet keinen Weg, die sich aus dem Wirtschaftsleben, der Eigenart sozialer Gruppierungen und ähnlichen Erscheinungen ergebenden unabweisbaren Forderungen in die Rechtsgeschäftslehre systemgerecht einzufügen. Kann man sich aber nicht entschließen, gegebenenfalls einen Kaufvertrag als nicht rechtsgeschäftliche Vereinbarung und die Abrede über einen Spaziergang als Rechtsgeschäft zu behandeln, dann sollte zur Vermeidung methodischer Selbsttäuschungen[69] der Mut aufgebracht werden, den Umkreis rechtsgeschäftlichen und nicht rechtsgeschäftlichen Handelns auf der Grundlage einer am sachlichen Gehalt und an den sozialen Bedingungen des Vertrages orientierten Analyse neu zu durchdenken. Mit dem Instrument des Rechtsfolgewillens ist das Abgrenzungsproblem zwar klar lösbar. Aber

---

[68] In der Auseinandersetzung mit Adolf *Reinach* ist insbesondere Werner *Maihofer* auf der Grundlage eines ontologisch-existentialen Rechtsdenkens über die „Wesenheiten" der phänomenologischen Rechtstheorie hinausgegangen: „Rechtssachverhalte sind nicht, wie Adolf Reinach meinte, die ‚spezifisch-rechtlichen Grundbegriffe' in ihrem in innerer Schau erfahrbaren, den mathematischen und geometrischen ‚Gebilden' vergleichbaren Sein, sondern Sachverhalte ‚in der Welt draußen', ‚vor der wir stehen': nicht Rechts-‚gebilde', sondern mit einem Wort: Lebenssachverhalte" (a.a.O. S. 65 f.). Damit hat Maihofer gegenüber der unhistorischen, die soziale Realität negierenden Erkenntnisweise Reinachs eine scharfe Wendung vollzogen. Dennoch erscheint es wenig sinnvoll, aus einer dieser zunächst konträren Positionen allein die Sache „Vertrag" erklären zu wollen. Der Vertrag ist ein logisches und soziales Phänomen. Sein vom Willen der Beteiligten gesteuerter innerer Rechtsmechanismus und seine Funktion in der gesellschaftlichen Realität müssen stets zugleich im Blickfeld bleiben.

[69] Dazu Fritz *Brecher*, Scheinbegründungen und Methodenehrlichkeit im Zivilrecht, in: Festschrift für Arthur Nikisch, Tübingen 1958, S. 227—247.

dieses Ergebnis wird erkauft mit der Möglichkeit völlig sachfremder Resultate. Die zwiespältige Entwicklung der Rechtsprechung zeigt in ihrem Bemühen, den Konsequenzen der Theorie auszuweichen, dieses Dilemma sehr deutlich.

III. Die Behandlung des Problems in der Rechtsprechung

Die Judikatur hat sich — wie bei der Behandlung vieler anderer Probleme auch — in enger Anlehnung an die in den Motiven niedergelegten Gedankengänge des Gesetzgebers entwickelt. Diese streng historische Auslegung des Gesetzes veranlaßte das Reichsgericht schon wenige Jahre nach Inkrafttreten des BGB, die „auf eine Rechtswirkung gerichtete Absicht des Erklärenden" als notwendiges Tatbestandsmerkmal des Rechtsgeschäftes zu bezeichnen[70]. Bei dieser lapidaren Feststellung des höchsten Gerichts ist es auch in der Folgezeit geblieben[71].

Der vom Reichsgericht bekräftigte Grundsatz hat seinen nachhaltigsten Ausdruck in der Rechtsprechung zum Gefälligkeitsverhältnis gefunden. In einer Fülle von Entscheidungen[72] hat das Reichsgericht und ihm folgend die ganz überwiegende Mehrzahl der Instanzgerichte die „bloße Gestattung des Mitfahrens" in einem PKW oder Pferdefuhrwerk als einen „bloß tatsächlichen Vorgang ohne rechtliche Bedeutung"[73] qualifiziert. Diese aufsehenerregende und vor allem Haftungsprobleme betreffende Rechtsprechung gründete sich auf die Vorstellung, daß ein auf Gefälligkeit beruhendes Verhalten den Rechtsbindungswillen grundsätzlich ausschließt. Eine umfangreiche Literatur bemühte sich um die Klärung der Gefälligkeitsverhältnisse, ohne jedoch über den Grundgedanken, daß bei diesen Rechtsverhältnissen der Wille zur rechtlichen Bindung zu verneinen sei, wesentlich hinauszukommen. In einer Reihe von Urteilen, denen ein anderer Sachverhalt als derjenige der Gefälligkeitsfahrt zugrunde lag, wird die Problematik des Rechtsfolgewillens besonders deutlich. So hat das Reichsgericht in einer bekannten Entscheidung die Einladung zu einer Treibjagd als reine Gefälligkeit

---

[70] RGZ 68, 322 (324 f.).
[71] RGZ 122, 138 (140).
[72] RGZ 65, 17; 65, 313; RG JW 1908, S. 108; Gesetz und Recht 1912, S. 430; Das Recht 1915 Nr. 1327; WarnRspr. 1915 Nr. 126; LZ 1918 Sp. 496; SeuffArch. 65 Nr. 50; JW 1932, S. 2025; OLG Jena HRR 1930 Nr. 1318; Köln JW 1931, S. 1975.
Aus der Reihe dieser Entscheidungen schert in einem Urteil vom 3. 3. 1917 das OLG München (LZ 1917 Sp. 1370) unter Berufung auf ein nicht bekannt gewordenes Urteil des RG vom 11. 10. 1910 aus; das bei einer Gefälligkeitsfahrt entstehende Vertragsverhältnis sei als Leihe oder ein ähnliches Rechtsverhältnis zu betrachten, bei dem die Haftung auf grobe Fahrlässigkeit beschränkt sei.
[73] Vgl. RGZ 65, 17 (18).

ohne rechtsgeschäftlichen Charakter bezeichnet[74]. Die freiwillige Bedienung eines Böllers anläßlich eines Vereinsfestes durch ein Mitglied des Vereins wurde mangels „einer auf Begründung von Rechtsbeziehungen gerichteten Absicht" ebenso als bloß tatsächliches Verhältnis qualifiziert[75] wie die gemeinsame Wagenfahrt zweier befreundeter Ehepaare[76]. Auch das Versprechen eines Gutsbesitzers gegenüber dem in den Krieg ziehenden Nachbarn, dessen Ehefrau und der Gutswirtschaft zur Seite zu stehen, hat die Rechtsprechung als Gefälligkeit ohne vertraglichen Bindungswillen angesehen[77]. Aus neuerer Zeit ist vor allem ein Urteil des OLG Hamburg zu erwähnen[78], das über einen ausdrücklich als „gentlemen's agreement" bezeichneten Schuldentilgungsvertrag zu befinden hatte. Das Gericht wies eine auf diesen Vertrag gestützte Klage ab, da das Abkommen „jedenfalls nach den Umständen des vorliegenden Falles keine klagbare Zahlungsverpflichtung darstellen sollte". Gleichsam am Rande findet sich in der Rechtsprechung des Reichsgerichts auch der Gedanke, bestimmte Gegenstände seien der rechtsgeschäftlichen Regelung überhaupt entzogen. Die Verpflichtung, sich nach jüdischem Ritus scheiden zu lassen, wurde aus diesem Grunde für nichtig erklärt[79].

Die Mehrzahl der schon bisher referierten Entscheidungen legt die Vermutung nahe, daß für die Ermittlung des Parteiwillens objektive Momente ausschlaggebend waren. Man verneinte den Rechtsfolgewillen um so lieber, je deutlicher die fragliche Abmachung im Rahmen des gesellschaftlichen Verkehrs geschlossen wurde. Diese Tendenz, unausgesprochen die objektiven Zusammenhänge, in denen man die Vereinbarung vorfindet, bei der Entscheidung zu berücksichtigen, hat ihren bisherigen Höhepunkt in einer Entscheidung des Bundesgerichtshofes vom 22. 6. 1956 erreicht[80].

Dem Bundesgerichtshof ist gewiß im Ergebnis zuzustimmen, wenn er die aus Gefälligkeit erfolgte Bereitstellung eines Kraftwagenführers für ein Speditionsunternehmen als Rechtsgeschäft behandelt. Jedoch erreicht der BGH dieses Ergebnis nur durch die Unterstellung des im entschiedenen Fall sicher nicht vorhandenen Rechtsfolgewillens. Er schließt sich eng an die herrschende, kaum völlig zu Ende gedachte Lehre an und meint: „Eine erwiesene Gefälligkeit hat nur dann rechtsgeschäftlichen Charakter, wenn der Leistende den Willen hat, daß sei-

---

[74] RGZ 128, 39 (42).
[75] OLG Stuttgart, Das Recht 1907 Sp. 446.
[76] OLG Dresden, SeuffArch. 61 Nr. 220.
[77] OLGRostock, OLG 40, 320.
[78] MDR 1953, S. 482.
[79] RGZ 57, 250 ff.
[80] BGHZ 21, 102 ff.

III. Die Behandlung des Problems in der Rechtsprechung

nem Handeln rechtliche Geltung zukommen sollte..., wenn er also eine Rechtsbindung herbeiführen will... und der Empfänger die Leistung in diesem Sinne entgegengenommen hat. Fehlt es hieran, so scheidet eine Würdigung unter rechtsgeschäftlichen Gesichtspunkten aus[81]." Dieses im entschiedenen Fall unerwünschte Ergebnis vermeidet der BGH indessen durch eine vom Begriff her betrachtet kaum zu vertretende Objektivierung des Rechtsfolgewillens. Da die Parteien ausdrücklich über ihren Rechtsfolgewillen nichts erklärt hatten, konnte der BGH, ohne in offenbaren Widerspruch mit dem Parteiwillen zu geraten, rein objektive Kriterien für das Vorliegen des Rechtsfolgewillens aufstellen. Dieser Ausweg wäre verschlossen gewesen oder aber die Bejahung des Rechtsfolgewillens durch das Gericht als Fiktion entlarvt worden, hätten die Parteien das Nichtvorhandensein dieses Willens ausdrücklich artikuliert. Die Gesichtspunkte, aus denen der BGH das Vorliegen des Rechtsfolgewillens erschließen möchte, stellt er in folgender Weise dar: „Die Art der Gefälligkeit, ihr Grund und Zweck, ihre wirtschaftliche und rechtliche Bedeutung, insbesondere für den Empfänger, unter denen sie erwiesen wird, und die dabei bestehende Interessenlage der Parteien können die Gefälligkeit über den Bereich rein tatsächlicher Vorgänge hinausheben und sind daher für die Beurteilung der Frage des Bindungswillens und der Natur des etwa in Betracht kommenden Rechtsgeschäftes heranzuziehen. Gefälligkeiten des täglichen Lebens werden sich regelmäßig außerhalb des rechtsgeschäftlichen Bereiches halten. Das gleiche gilt für Gefälligkeiten, die im rein gesellschaftlichen Verkehr wurzeln... Der Wert einer anvertrauten Sache, die wirtschaftliche Bedeutung einer Angelegenheit, das erkennbare Interesse des Begünstigten und die nicht ihm, wohl aber dem Leistenden erkennbare Gefahr, in die er durch eine fehlerhafte Leistung geraten kann, können auf einen rechtlichen Bindungswillen schließen lassen...[82]." Der BGH hat sich gescheut, die sich aus der Idee des Rechts-

---

[81] a.a.O. S. 106.
[82] a.a.O. S. 107. Seltsam nehmen sich die folgenden Ausführungen des BGH aus: „Die Haftung gründet sich in derartigen Fällen — ähnlich wie bei Vertragsverhandlungen — regelmäßig auf die Verletzung einer durch Anknüpfung rechtsgeschäftlicher Beziehungen entstandenen Sorgfaltspflicht oder eines vertragsähnlichen Vertrauensverhältnisses." Da der BGH das Vorliegen des Rechtsfolgewillens unterstellt, hätte er von seinen Voraussetzungen aus das Zustandekommen des Vertrages und damit ein vollkommenes Rechtsgeschäft annehmen müssen, nicht aber ein „vertragsähnliches Vertrauensverhältnis". Diese Inkonsequenz zeigt deutlich, wie sehr dem BGH bewußt war, daß in Wirklichkeit kein Rechtswille vorhanden und daher nach der herrschenden Lehre auch kein Rechtsgeschäft anzunehmen war. Da der BGH aber — im Grundsatz richtig — die Haftung des Speditionsunternehmens bejahen wollte, verstieg er sich zu einer nicht rechtsgeschäftlichen, d. h. gesetzlichen Haftung auf der Basis des Rechtsfolgewillens. — Vgl. auch *Flume* a.a.O. S. 90 ff. Dieser Grundsatzentscheidung hat sich das OLG Karlsruhe (Freiburg) in NJW 1961, S. 1866 ausdrücklich angeschlossen.

folgewillens ergebende Konsequenz auszusprechen, daß trotz Vorliegens aller dieser Umstände bei erklärtem gegenteiligem Willen der Parteien ein Rechtsgeschäft nicht vorliegen kann.

Die vom BGH aufgezeigten Gesichtspunkte haben in Wirklichkeit mit dem Willen der Parteien nur sehr wenig zu tun. Der Bindungswille wird dem BGH zum Vehikel, mit dessen Hilfe er die nach sachlichen Kriterien getroffene Entscheidung, daß eine Rechtsgeschäft vorliegt, in die Systematik des Rechts einführt. Der Bindungswille selbst wird dabei, sofern nach den sachlichen Gegebenheiten erforderlich — wie die getroffene Entscheidung zeigt — notfalls fingiert. Diese Tendenz, nach dem objektiven Sinn der Abrede zu entscheiden, ob ein Rechtsgeschäft vorliegt oder nicht, ist zweifellos richtig. Aber dieser an sich richtige Gedanke verträgt sich nicht mit der den Parteien zugebilligten Fähigkeit, über die Rechtserheblichkeit ihres Handelns zu entscheiden.

In einer späteren Entscheidung hatte der BGH die gegenseitige Beaufsichtigung ihrer Kinder durch zwei Familien, also eine „typische" Gefälligkeit zu beurteilen. In seinem Leitsatz und auch in der Begründung stellt der BGH wiederum entscheidend auf die objektiven Verhältnisse ab und gelangt daher zur Annahme eines rechtlich irrelevanten Gefälligkeitsverhältnisses. Jedoch schließt er die Möglichkeit einer rechtsgeschäftlichen Vereinbarung nicht aus, „wenn der Leistende den Willen hat, daß seinem Handeln rechtliche Geltung zukommen soll, wenn er also eine Rechtsbindung herbeiführen will[83]."

In der Rechtsprechung finden sich indessen zwei wichtige Fallgruppen, deren rechtliche Behandlung bei gegenteiligem Parteiwillen ausschließlich an der objektiven Sachlage orientiert war. Es sind dies einmal die Entscheidungen des Reichsgerichts zur Erteilung von Auskünften durch Banken, Rechtsanwälte und ähnliche Personen, deren fehlender Rechtsbindungswille keineswegs zur Annahme bloß tatsächlicher Verhältnisse führte. Die Bejahung eines Rechtsgeschäfts wird in diesen Fällen ganz auf objektive Kriterien gegründet. Paradigmatisch sind die folgenden Ausführungen des Reichsgerichts: „Erkennt der um Auskunft Angegangene, daß der andere von der Auskunft... entscheidende Maßnahmen insbesondere eine Vermögensverfügung abhängig machen will, so liegt in dem Erteilen der Auskunft der Abschluß eines Auskunftsvertrages, der ihn zu sorgfältiger Auskunft verpflichtet[84]." Diese Gedanken sind vom Bundesgerichtshof in einer Entscheidung weitergeführt worden, in der die herkömmliche Lehre vom Rechts-

---

[83] BGH NJW 1968, S. 1874. Im Ergebnis ist der Entscheidung beizupflichten, da der mitgeteilte Sachverhalt keine Anhaltspunkte für rechtserhebliche Absprachen erkennen läßt.
[84] RG JR Rspr. 1926 Nr. 145. Ferner RG LZ 1915, Sp. 435.

III. Die Behandlung des Problems in der Rechtsprechung

folgewillen — ohne dies ausdrücklich zu sagen — verlassen wird. „Auch wenn eindeutig klar gewesen sein sollte, daß der Beklagte ... zur Klägerin in keinerlei Vertragsbeziehungen treten wollte, hätte der Beklagte durch Erteilung der Auskünfte ... der Klägerin gegenüber eine Haftung übernommen, daß diese Auskünfte mit der erforderlichen Sorgfalt und nach bestem Wissen erteilt worden sind. Für die Annahme eines den Beklagten verpflichtenden Vertrages ist es ... als unerheblich anzusehen, ob die Angestellten der Klägerin in Ansehung dieser Auskünfte die Herstellung von Vertragsbeziehungen zum Beklagten beabsichtigten und ob der Beklagte, als er die Auskünfte erteilte, Entsprechendes beabsichtigte; es genügt, daß der Beklagte zu der Klägerin in Beziehungen getreten ist, die, wenn sie einmal vorliegen, nach Maßgabe der bürgerlichen Rechtsordnung als vertragliche anzusehen und dementsprechend in ihren rechtlichen Auswirkungen zu beurteilen sind[85]." Die zweite Fallgruppe, die ohne Rücksicht auf den gegenteiligen Parteiwillen ausschließlich nach den sie begleitenden äußeren Umständen beurteilt wurde, betrifft Raumüberlassungsverträge, mit denen zur Umgehung des Mieterschutzrechts ein Rechtsverhältnis nicht begründet werden sollte. Die zuständigen Instanzgerichte haben solche Verträge mit Recht als Mietverträge behandelt[86]."

Endlich hat der BGH in einer später ausführlicher zu erörternden Entscheidung nicht gezögert, aus einem in der Werftindustrie geschlossenen gentlemen-agreement Ansprüche eines Vertragspartners herzuleiten[87].

Dieser notwendig summarische Überblick zeigt bei näherem Hinsehen eine deutliche Bevorzugung der objektiven Gesichtspunkte bei solchen Vereinbarungen, die in der Regel als Rechtsgeschäfte abgeschlossen werden und nur ausnahmsweise der rechtlichen Wirkungen entkleidet werden sollte. Dagegen ist es der Rechtsprechung leicht gefallen, das Vorliegen von Rechtsgeschäften mangels Rechtsfolgewillen dort zu verneinen, wo gemeinhin rechtliche Bindungen nicht üblich sind: im Bereich des gesellschaftlichen Lebens und bei gelegentlichen Hilfeleistungen. Diese Tendenz ist ein deutlicher Hinweis auf die Erfordernisse der gerichtlichen Praxis, die sich mit der Theorie vom Rechtsfolgewillen nicht bewältigen lassen. Die Wissenschaft hinkt hier der Rechtsprechung weit nach. Die deutlichen Ausführungen des Bundesgerichtshofes haben in der Literatur keine angemessene Resonanz gefunden.

---

[85] BGHZ 7, 371 (375).
[86] LG Köln, Z. f. Miet- u. Raumrecht 1952, S. 233 und LG Essen, ebda. 1953, S. 66. Dort findet sich auch ein Hinweis auf eine mir nicht zugängliche Entscheidung des Reichsgerichts.
[87] Vgl. unten S. 88.

Zweiter Abschnitt

Rechtsgeschäftliche und nicht rechtsgeschäftliche Vereinbarungen als Stufen rechtserheblichen Handelns von unterschiedlicher Intensität

I. Die Ausgestaltung des Anspruchsgefüges durch die Parteien

Die bisher von der rechtswissenschaftlichen Dogmatik benutzten rechtstechnischen Hilfsmittel haben keine Möglichkeit eröffnet, den Geltungsbereich des Rechtsgeschäftes präzise zu erfassen. Der Versuch, den Umfang des Rechtsgeschäftes durch eine Untersuchung der nicht rechtsgeschäftlichen Vereinbarungen neu zu bestimmen, muß in gleicher Weise die subjektive Stellung der Parteien in ihrem Vertragswerk wie auch das objektive Urteil der Rechtsordnung ins Auge fassen. Eine Neubesinnung auf die rechtlichen Qualitäten der nicht rechtsgeschäftlichen Vereinbarungen muß dort einsetzen, wo das Erscheinungsbild der Abrede schon selbst Hinweise auf ihren rechtlichen Gehalt zu geben vermag: bei der konkreten Artikulation des Parteiwillens. Die Ausweglosigkeit der von der herrschenden Lehre angestellten Versuche, mit dem Begriff des Rechtsfolgewillens die Rechtsgeschäftlichkeit eines Handelns gegenüber allen anderen Verhaltensweisen zu definieren, fordert die Frage nach dem tatsächlichen Inhalt des rechtlichen Wollens der Parteien heraus. Die Analyse des Parteiwillens kann sich aber nicht darin erschöpfen, die allgemeine Einstellung der Vertragspartner zur Rechtserheblichkeit ihres Handelns zu ermitteln. Die verschiedenartigen Figurationen des Vertrages in den fragwürdigen Grenzbereichen rechtsgeschäftlichen und nicht rechtsgeschäftlichen Handelns lassen sich nicht mit dem groben Instrument des Rechtsfolgewillens erfassen, sondern allein in der Entfaltung der von den Parteien in sehr realer Weise gewollten Gestaltung des Anspruchsgefüges ihrer Vereinbarung. Können die Parteien auch einen Vertrag nicht nach Belieben der Rechtsordnung unterstellen oder ihr entziehen, so steht es doch fraglos in ihrem Belieben, ob und welche Leistungsansprüche oder sonstigen vertraglichen Rechte sie einander zugestehen wollen. Die vielfältigen, den Vertragspartnern von der Rechtsordnung zur Verfügung gestellten Gestaltungsmöglichkeiten bilden den eigentlichen Inhalt des sich im Vertrag niederschlagenden Rechtswillens der Parteien. Der Bezug des Parteiwillens zur Rechtsordnung wird allein dort sichtbar, wo die juri-

I. Die Ausgestaltung des Anspruchsgefüges durch die Parteien 45

stische Regelungsbedürftigkeit des von den Parteien verfolgten *Zweckes* beginnt[1]. Es wird zu fragen sein, ob dieses in der konkreten Vertragsstruktur begründete Verhältnis zur Rechtsordnung allein für den Kreis der herkömmlicherweise den Rechtsgeschäften zugerechneten Verhaltensformen charakteristisch ist, oder ob sich solche Beziehungen auch im Bereich der nicht rechtsgeschäftlichen Vereinbarungen finden lassen.

Das Prinzip der Privatautonomie bietet dem rechtsgeschäftlich Handelnden eine Fülle verschiedenartiger Gestaltungsmöglichkeiten, die er seinen besonderen Bedürfnissen dienstbar machen kann. Die Vereinbarung gegenseitiger Leistungsansprüche ist zwar die häufigste, keineswegs aber einzige Variante des Rechtsgeschäftes. Bei allen gegenseitigen Verträgen können die Parteien von der im BGB vorgezeichneten Vertragsstruktur abweichen, indem sie auf die Vereinbarung synallagmatischer Leistungspflichten verzichten. Die Parteien können ihre Leistungen im Rahmen eines Realvertrages dergestalt verbinden, daß eine Partei bei Vertragsschluß leistet und nur der andere Vertragspartner zu einer Leistung verpflichtet ist. So kann nach dem Willen der Parteien beim verzinslichen Darlehen der Anspruch auf Zahlung der Zinsen und Rückzahlung des Geldbetrages erst mit Hingabe der Sache entstehen[2]. Aber auch ein Kaufvertrag kann dem Typus des Realvertrages angenähert werden, wenn er dem Verkäufer die Befugnis einräumt, frei darüber zu entscheiden, ob er seine Leistung erbringen will oder nicht und diese Entscheidung durch reale Bewirkung der Leistung getroffen wird. In einem solchen Fall wird der Kaufvertrag unter einer Wollensbedingung geschlossen, welche die Entstehung gegenseitiger Leistungspflichten verhindert[3]. Leistet der Verkäufer, wird das Rechtsgeschäft wirksam, ohne daß dem Käufer jemals ein Anspruch auf die Leistung zugestanden hat. Jedoch wird der Käufer nunmehr zur Zahlung des Kaufpreises verpflichtet. Auch beim Handkauf kommt ein Anspruch auf Leistung der Ware zu keinem Zeitpunkt zur Entstehung, wenn der Verkäufer mit *einer* Erklärung das Angebot zum Abschluß eines obligato-

---

[1] Zur Bedeutung des Zwecks vor allem für den schuldrechtlichen Vertrag vgl. Hugo *Kreß,* Lehrbuch des Allg. Schuldrechts, München 1929, S. 35 ff.; *v. Thur,* Allg. Teil II, 2, § 72.

[2] Andererseits wird man den Parteien schwerlich die Möglichkeit absprechen können, durch ein vertragliches Leistungsversprechen die Verpflichtung zur Hingabe des Darlehens zu begründen. Es kann eigentlich kein Streit darüber bestehen, ob der im Gesetz geregelte Typus Darlehen ein Realvertrag oder ein Versprechensvertrag ist, sondern allenfalls über die Auslegung des im konkreten Fall geschlossenen Vertrages. — Realvertrag im hier verstandenen Sinne meint nicht eine Vertragsform, die ein dingliches Geschäft als Wirksamkeitsvoraussetzung der Verpflichtung fordert. Zum Streit um Realvertrag und Realkontrakt vgl. *Staudinger-Riedel,* Vorbem. zu § 607, Rd.-Nr. 2.

[3] Zur Wollensbedingung vgl. *Flume* a.a.O. S. 686.

rischen Vertrages annimmt und die Offerte gemäß § 929 BGB abgibt. Ähnliche Fallgestaltungen sind auch bei Gebrauchsüberlassungsverträgen möglich. In allen diesen Fällen liegt der Leistung ein verpflichtender Vertrag nicht zugrunde. Die Parteiabrede beschränkt sich auf die bloße Vereinbarung eines Leistungszweckes, die zusammen mit der Zweckerreichung nach richtiger Auffassung den Rechtsgrund der Leistung gemäß § 812 Abs. 1 BGB bildet[4]. Die Bedeutung der Kausalvereinbarung als einer rechtfertigenden Zweckvereinbarung reicht also weit über die Schenkungsverträge hinaus. Sie stellt gegenüber dem verpflichtenden Vertrag eine völlig anders strukturierte Form der rechtlichen Bindung dar, ohne daß aus diesem Grunde an der rechtsgeschäftlichen Qualität der Vereinbarung der geringste Zweifel bestehen könnte.

Derartige Vertragsformen würden nur dann den Intentionen unserer Rechtsordnung widersprechen, wenn es möglich wäre, die unserem Gesetzbuch als Modell zugrunde liegende Beziehung zwischen obligatorischem und dinglichem Geschäft als nicht der Parteiautonomie unterworfene, unabdingbare Form jeder konkreten Vertragsgestaltung zu interpretieren. Diese, dem fundamentalen Prinzip der vertraglichen Gestaltungsfreiheit zuwiderlaufende Auffassung muß zwangsläufig zu wirklichkeitsfremden Konstruktionen führen, die dem tatsächlichen Parteiwillen nicht gerecht werden. Dieser Parteiwille aber bestimmt allein, welche Ansprüche aus einem Vertrag entspringen sollen[5].

Bei der Durchsicht der möglichen Gestaltungen des Rechtsgefüges nicht rechtsgeschäftlicher Vereinbarungen ergibt sich nun die über-

---

[4] Vgl. dazu *Esser*, Schuldrecht, 3. Aufl., II, S. 340 f.; *Kress*, Allg. Schuldrecht, S. 58; Lehrbuch des Besonderen Schuldrechts, München u. Berlin 1934, S. 327 ff.; *Enneccerus-Lehmann* a.a.O. S. 688; *Siber*, Grundriß des Schuldrechts 1931, S. 172, 416; *Ehmann*, NJW 1969, S. 400.

[5] In der neueren Schuldrechtsdogmatik ist dieser Gedanke stark in den Hintergrund getreten. Nicht selten wird der Versuch unternommen, die reale Vertragsform als ein mögliches Konstruktionsprinzip des obligatorischen Vertrages überhaupt zu leugnen oder auf die Handschenkung zu beschränken. Die den Parteien von der Rechtsordnung gewährte Freiheit, obligatorische und dingliche Vertragselemente variabel aneinanderzufügen, ist am klarsten in der Systematik des Schuldrechts von Hugo *Kreß* erkannt worden (Allg. Schuldrecht S. 84 Anm. 3). In jüngster Zeit hat sich *Ehmann* gegen ein starres Typendenken gewandt. (Über den Begriff des rechtlichen Grundes im Sinne des § 812 BGB, NJW 1969, S. 398—404, 401 Anm. 32): „(Es) kann aber nicht bezweifelt werden, daß eine Leistung rechtlich wirksam ohne ein zeitlich vorhergehendes Versprechen dieser Leistung erbracht werden kann." Vgl. auch ders., Die Funktion der Zweckvereinbarung bei der Erfüllung, JZ 1968, S. 549—556, 550 Anm. 9. Vgl. ferner Hubert *Thelen*, Entgeltliche Geschäfte ohne beiderseitige Leistungspflicht, Diss. Köln 1934. Diese Arbeit beschränkt sich jedoch im wesentlichen auf eine Beschreibung der im BGB vorgezeichneten Vertragstypen. Die Möglichkeit einer Parteidisposition über die in der Systematik des BGB vorgegebenen Vertragsmodelle wird nicht ins Auge gefaßt.

I. Die Ausgestaltung des Anspruchsgefüges durch die Parteien 47

raschende Einsicht, daß selbst bei ganz locker bleibenden vertraglichen Beziehungen die Rechtsordnung nicht völlig eliminiert werden soll. Mögen die Parteien auch die Absicht haben, sich jeder Rechtspflicht zu entziehen — in den weitaus meisten Fällen entspringen dem Aktsinn ihres Handelns rechtliche Konsequenzen. Die Erforschung des Parteiwillens muß freilich den Gebrauch sachlich unrichtiger oder unpräziser Begriffe berücksichtigen. Sprechen die Vertragspartner vom Ausschluß der Klage, wird in vielen Fällen der Ausschluß der primären Leistungspflichten gemeint sein. Sollen Leistungsansprüche in keinem Stadium der Vertragsabwicklung zur Entstehung gelangen, ist weiter zu fragen, ob Bereicherungsansprüche ebenfalls ausgeschlossen oder aber aufrecht erhalten werden sollen. Die formelhafte Aussage, daß die Klage ausgeschlossen oder Ansprüche nicht entstehen sollen, gewährt noch keinen Einblick in die Gestaltung des gesamten Anspruchsgefüges. Die gleichen Fragen sind aufzuwerfen, wenn von einer aus „Gefälligkeit" erbrachten Leistung die Rede ist. Häufig wird es auch hier um den Ausschluß der primären Leistungsansprüche gehen, doch wird daneben nicht selten eine Haftungsbeschränkung gewollt sein. Immer wieder begegnen aber auch unter den nicht rechtsgeschäftlichen Abreden Vereinbarungen, die sich von den oben geschilderten Varianten des Rechtsgeschäftes nicht prinzipiell unterscheiden.

Das läßt sich schon am Prototyp der nicht rechtsgeschäftlichen Vereinbarung, der gesellschaftlichen Einladung, zeigen. Gewiß wollen die Partner einer solchen Absprache in der Regel keine Leistungsansprüche zur Entstehung bringen. Doch enthält die Abwicklung der Vereinbarung Vorgänge, deren rechtliche Bedeutung schwerlich abzustreiten ist. Wer als geladener Gast Getränke und Speisen zu sich nimmt, soll keinem Bereicherungsanspruch ausgesetzt sein. Und ebensowenig ist es zu leugnen, daß nach dem Willen der Parteien der vorübergehende Besitz oder Mitbesitz einzelner Gebrauchsgegenstände, wie Geschirr und Gläser, rechtmäßig sein soll[6]. Ein Schadensersatzanspruch des Gastgebers müßte abgewiesen werden. Man kann gewiß geteilter Meinung darüber sein, ob hier bestimmte Vertragstypen des BGB Anwendung finden sollen, ob etwa in der Hingabe der Speisen ein Schenkungsvertrag zu erblicken ist. Aber diese hier noch nicht interessierenden Schwierigkeiten können doch nicht darüber hinwegtäuschen, daß die Abrede der Parteien genuine rechtliche Elemente enthält. Es ist also schlicht un-

---

[6] Der Einwand, es könne sich bei dem Konsum der Speisen auch um erlaubten Verbrauch fremder Sachen handeln, ändert an der Sachlage insofern nichts, als auch in diesem Fall eine rechtfertigende Abrede zugrunde liegen muß. — Der Besitz benutzter Gebrauchsgegenstände läßt sich kaum leugnen, da das für die Anwendung des § 855 BGB notwendige „soziale Abhängigkeitsverhältnis" regelmäßig nicht vorliegen wird. Vgl. dazu RGZ 71, 248; 94, 341; BGH LM § 1006 Nr. 2.

richtig, die gesellschaftliche Einladung als ein bloß faktisches Verhältnis zu bezeichnen oder es für „wenig angemessen" zu halten, „rechtliche Konstruktionen zu suchen, um mit ihnen begründen zu können, warum der Eingeladene dauernd in dem Genuß der verzehrten Speisen... bleibt[7]". Handelt es sich bei den geschilderten Vorgängen um ausschließlich tatsächliche Erscheinungen, dann wäre der wirtschaftlich Begünstigte nicht berechtigt, die ihm zugewendeten Güter ohne Ausgleich der Vermögensmehrung zu behalten. Der rechtliche Gehalt der Vereinbarung wird von den Parteien selbst geschaffen, weil er ein, wenn nicht wesentliches, so doch notwendiges Moment ihres zweckhaften Wollens ist. Daß der verärgerte Gastgeber gegenüber dem Gast keinen Bereicherungsanspruch geltend macht, ist nicht Ausdruck der bloßen Faktizität des Vorganges. Vielmehr weiß der Gastgeber sehr genau, daß er die Speisen freiwillig zur Verfügung gestellt hat und eine Rückforderung im Hinblick auf die getroffene Vereinbarung schlechterdings unmöglich ist. Der einem Vertrage innewohnende Sinn läßt sich nicht mit der Konstruktion des Gefälligkeitsverhältnisses umgehen.

Deutlicher sind die rechtlichen Intentionen des Parteiwillens im gesellschaftlichen Leben bei den gerade dort üblichen Schenkungen zu erkennen. Wer der Dame des Hauses Blumen überreicht, will etwas mit rechtlichem Grund zuwenden. Der gesellschaftliche Rahmen des Vorganges kann keine Zweifel an der Rechtserheblichkeit des Vertrages begründen, da sich die Masse der Schenkungsverträge in eben dieser sozialen Wirklichkeit findet. Freilich wird hier auch kaum jemand auf den Gedanken kommen, den rechtlichen Gehalt des Vertrages in Frage zu stellen, hat er doch im BGB eine eingehende Regelung gefunden. Aber daß darin kein Kriterium für die Rechtsgeschäftlichkeit einer Vereinbarung gesehen werden kann, bedarf keiner näheren Begründung. Der konkrete rechtliche Inhalt der Schenkung, mit der die causa für eine Zuwendung geschaffen wird, unterscheidet sich nicht wesentlich vom Rechtsgehalt anderer Vereinbarungen im gesellschaftlichen Bereich. Ladet jemand einen Bekannten zu einem Aufenthalt in einem Badeort ein, so werden die Parteien in der Regel nicht einen Anspruch auf Einhaltung des Versprechens vereinbaren. Wohl aber wird Einigkeit darüber bestehen, daß der Einladende die tatsächlich entstehenden Kosten des Aufenthaltes allein zu tragen hat. Die Abrede enthält also spezifisch rechtliche Momente. Nicht anders verhält es sich mit der Vereinbarung zweier befreundeter Familien, eine gemeinsame Reise zu unternehmen. Primäre Leistungsansprüche auf Teilnahme des anderen werden auch hier häufig nicht gewollt sein. Aber es können durchaus Absprachen über den Ersatz eventuell entstehender Aufwendungen

---

[7] Vgl. *Reuss* a.a.O. S. 494.

I. Die Ausgestaltung des Anspruchsgefüges durch die Parteien

vorliegen, deren rechtliche Bedeutung sich nicht mit dem Hinweis auf die rechtliche Irrelevanz des gesellschaftlichen Verkehrs aus der Welt schaffen läßt. Darüber hinaus werden die Parteien nicht selten den Willen haben, Bindungen im Sinne des Gesellschaftsrechts gem. §§ 705 ff. BGB einzugehen. Man denke nur an eine länger dauernde Reise im Campingbus, deren Gelingen von der Mitwirkung beider Parteien entscheidend abhängig ist. Der rechtliche Gehalt einer Vereinbarung hängt immer von der Regelungsbedürftigkeit der Vertragsmaterie ab. Es kann daher kein grundsätzliches Ja oder Nein der Parteien zur Rechtserheblichkeit des ganzen Vertragswerkes geben, sondern jeweils nur die Bejahung oder Verneinung einzelner Rechte.

Auffällig ist auch die rechtliche Relevanz jener nicht rechtsgeschäftlichen Vereinbarungen, mit denen dem Leistungsempfänger zeitweilig die Benutzung einer Sache gestattet wird. Wer aus Gefälligkeit dem Studienkollegen Fachliteratur oder einem Bekannten für Reparaturen an seinem Hause Werkzeug überläßt, wird die Gegenstände nach dem Sinn der Vereinbarung jederzeit wieder zurückverlangen können. Aber er hat keinen Bereicherungsanspruch gegen die Benutzer, mögen diese auch erhebliche Aufwendungen gespart haben. Nicht anders ist auch die unter Nachbarn häufig anzutreffende Nutzung fremder Sachen zu beurteilen. So gering die Rechtsposition des Leistungsempfängers auch sein soll, sie enthält doch als Minimum die Abrede über den Rechtsgrund der Sachnutzung bis zum Zeitpunkt der Rückforderung. Ein Unterschied gegenüber der in das BGB aufgenommenen Rechtsfigur der Leihe besteht in vielen Fällen nicht, da der Leihvertrag eine ebenso lockere Form erhalten kann, wie das vermeintliche, der Leihe „ähnelnde" Gefälligkeitsverhältnis mit gleichem Inhalt[8]. An diesem Beispiel wird besonders klar, wie wenig Gewinn aus dem Begriff des Rechtsfolgewillens zu ziehen ist. Aus der Verneinung dieses Willens ergeben sich keinerlei Konsequenzen für den wirklichen Rechtsgehalt der Vereinbarung. Wollte man behaupten, ohne Rechtsfolgewille der Parteien sei die jederzeit widerrufbare Überlassung von Gegenständen an einen Dritten ein rechtlich irrelevantes Faktum, so müßte man folgerichtig auch einen möglichen Bereicherungsanspruch des Leistenden anerkennen. Das aber wäre mit dem wirklichen Willen der Parteien schwerlich in Einklang zu bringen. Auch die viel erörterte Gefälligkeitsfahrt ist von rechtserheblichen Abreden begleitet. Mit Recht ist darauf hingewiesen worden, daß mit einer solchen Vereinbarung die Widerrechtlichkeit der Fahrzeugbenutzung ausgeschlossen wird[9]. Diese Fest-

---
[8] Vgl. unten S. 74.
[9] So schon *v. Blume* a.a.O. S. 651: „Er (der Gefälligkeitsvertrag) hat zugunsten des Empfängers der Gefälligkeit nur die Bestimmung, dessen Handeln rechtmäßig zu machen und zugleich der Leistung des Gebers einen recht-

stellung ist nicht nur von besitzrechtlicher Bedeutung. Präziser ist zu formulieren: die Parteien schaffen einen Rechtsgrund für die zu erbringende Leistung.

Rechtlich bedeutsame Absprachen werden ferner bei jenen nicht rechtsgeschäftlichen Vereinbarungen in hohem Maße zu beobachten sein, die wirtschaftliche Güter oder Verrichtungen von einigem Wert betreffen. Pflegt jemand aus freundschaftlicher Verbundenheit den Garten des Nachbarn, wird er vereinbarungsgemäß keinen Lohn erwarten, ebensowenig wie der Nachbar einen Anspruch auf die Leistung haben soll. Aber die Parteien werden nicht selten den Ersatz der entstehenden Aufwendungen vorsehen. Und diese Abrede allein ist für die Beurteilung der Rechtsbeziehungen in nicht zu umgehender Weise maßgebend. Versprechen sich die Nachbarn gegenseitig Hilfe bei Garten- oder Erntearbeiten, werden sie damit dem anderen einen Leistungsanspruch auf Grund des bloßen Konsenses ebenfalls nicht immer zugestehen wollen. Doch wird der tatsächlich Vorleistende nicht selten das Recht haben, die Gegenleistung zu fordern. Die Nachbarschaftshilfe gehört zweifellos der gesellschaftlichen Ebene zwischenmenschlicher Beziehungen an, und doch finden sich dort Vertragsformen, die Rechtsgeschäfte, wie das verzinsliche Darlehen, die entgeltliche Verwahrung und besondere Formen anderer Verträge kennzeichnen. Zu erwähnen ist schließlich die Möglichkeit solcher Vereinbarungen, die unter Verzicht auf primäre Leistungsansprüche sekundäre Vertragspflichten vorsehen. Sie werden später eingehender zu erörtern sein[10].

Natürlich ist nicht zu bestreiten, daß sich in der Fülle der gewöhnlich den nicht rechtsgeschäftlichen Vereinbarungen zugerechneten Fälle auch solche finden, die außer der Verneinung primärer Leistungsansprüche keinerlei rechtliche Abreden enthalten. Die Vereinbarung eines gemeinsamen Spazierganges wirft keine Probleme auf, die einer vertraglichen Regelung bedürften. Das gleiche gilt für die Skatrunde, die in der älteren Literatur oft erwähnte Zusage des ersten Tanzes, das Versprechen, regelmäßig zu schreiben, und auch Jherings Klavierspieler-

---

lichen Grund zu geben, der die Rückforderung wegen ungerechtfertigter Bereicherung ausschließt." Ähnlich Hugo Kreß, Lehrbuch des Besonderen Schuldrechts S. 216, der auf die Möglichkeit weiterer vertraglicher Beziehungen hinweist, z. B. Schutzverpflichtungen zur Gefahrenanzeige nach §§ 665, 666, Vereinbarungen über Aufwendungsersatz gem. § 670 BGB u. ä.

Die Annahme eines Verhältnisses nach § 855 BGB wird auch hier in der Regel am Fehlen eines sozialen Abhängigkeitsverhältnisses scheitern.

[10] Vgl unten S. 95 f. Auf diese Möglichkeit weist auch Wolfgang Fikentscher, Das Schuldrecht, 2. Aufl., Berlin 1969, S. 31 hin: „Es ist aber stets getrennt zu untersuchen, ob nur für die Leistung oder auch für den dabei zu gewährenden Schutz ein Verpflichtungswille fehlt. Eine Verletzung vertraglicher Schutz- und Erhaltungspflichten ist deshalb auch dort möglich, wo ein Erfüllungsanspruch auf Hauptleistung mangels Verpflichtungswillens fehlt."

I. Die Ausgestaltung des Anspruchsgefüges durch die Parteien

fall. Für derartige Vereinbarungen stellt sich bei der Untersuchung des Parteiwillens allein die Frage nach der Begründung primärer Leistungsansprüche und sie wird in der Regel zu verneinen sein. Nur für diese sehr einfachen Vertragsformen vermag auch die Frage nach dem Rechtsfolgewillen ausreichende Ergebnisse zu erbringen, denn die Parteien brauchen sich nur über eine Rechtsfolge schlüssig zu werden: den Leistungsanspruch. Überall dort jedoch, wo notwendig verschiedene Rechtsfragen von den Vertragspartnern zu regeln sind, ist eine differenziertere Analyse des Parteiwillens erforderlich.

Die von den Parteien gewollten Rechtsfolgen beziehen sich also immer auf ganz konkrete Rechte. Der Rechtsgehalt vieler nicht rechtsgeschäftlicher Vereinbarungen unterscheidet sich daher nicht grundsätzlich von der Vertragsstruktur „echter" Rechtsgeschäfte. Immer müssen sich die Parteien über die grundlegende Frage einig werden, welche Ansprüche und Rechte ihnen zustehen sollen. Und sie können und wollen dabei die regulative Funktion des von der Rechtsordnung bereitgestellten Systems gegenseitiger Ansprüche in der konkreten Vertragsgestaltung nicht aufheben. Die Kategorien des rechtsgeschäftlichen und nicht rechtsgeschäftlichen Handelns werden damit fragwürdig und können nur noch als vorläufige Richtpunkte für die Erfassung des zu untersuchenden Tatsachenmaterials dienen. Die weiteren Überlegungen werden die Rechtserheblichkeit des vom Parteiwillen gesteuerten Handelns überhaupt zu bedenken haben.

Der Grund für diese weitreichende Bedeutung des Rechts im Bereich vermeintlich außerrechtlicher Verhaltensformen liegt im Totalitätsanspruch der Rechtsordnung, an dem die Parteien nicht vorübergehen können. Das ergibt sich schon aus der wenig beachteten Tatsache, daß viele der nicht rechtsgeschäftlichen Vereinbarungen dingliche Rechtsverhältnisse berühren. Soweit die Parteien eine Veränderung der dinglichen Rechtslage anstreben, können sie sich nur bestimmter Gestaltungsmöglichkeiten der Rechtsordnung bedienen, soll der gewollte Erfolg erreicht werden. Das gilt für so banale Vorgänge, wie das Anbieten von Getränken[11] ebenso wie für finanzielle Zuwendungen an Familienangehörige. Weil eine Eigentumsübertragung gewollt ist, einigen sich die Parteien gem. § 929 BGB. Wird aber eine Übereignung vorgenommen, dann stellt sich notwendig die Frage nach dem Rechtsgrund des dinglichen Rechtsgeschäftes. Das gleiche Problem taucht bei jenen überaus häufigen Vereinbarungen auf, mit denen einem Dritten der vorübergehende Gebrauch einer Sache gestattet wird. Die Rechtfertigung derartiger Sachnutzungen vollzieht sich nicht auf der Ebene des Anstandes und menschlicher Rücksichtnahme, sondern in der Dimension des Rechts.

---

[11] Vgl. Anm. 6 S. 47.

Nur so können die Parteien den Zweck der Abrede verwirklichen und mögliche unerwünschte Rechtsfolgen verhindern.

Ist die rechtliche Qualität der nicht rechtsgeschäftlichen Vereinbarungen schon immer wesentlich durch den Parteiwillen geprägt, so ist damit noch nichts über die Bewertung der subjektiv bestimmten Vertragsform durch die Rechtsordnung ausgesagt. Die skizzierten Intentionen des Parteiwillens können zwar als typisch für die jeweilige Vereinbarung angesehen werden. Es ist jedoch denkbar, daß die Parteien ein ganz anders geartetes Geflecht subjektiver Rechte und Rechtsdispositionen schaffen wollen. Ob die Rechtsordnung der Privatautonomie im Bereich der charakteristischen nicht rechtsgeschäftlichen Vereinbarungen im Hinblick auf die äußeren Umstände des Vertrages objektive Grenzen setzt, ist die Frage, der wir uns nun zuwenden wollen.

II. Die Bewertung nicht rechtsgeschäftlicher Vereinbarungen durch die Rechtsordnung

1. Die Feststellung der Grenzen vertraglicher Bindung auf der Grundlage rechtssoziologischer Typisierung

a) Zur Funktion rechtssoziologischer Methoden im Rahmen der Rechtsanwendung

Mit dem Versuch, die objektiven Grenzen privatautonomer Vertragsgestaltung zu bestimmen, wird das Problem einer gegenständlichen Beschreibung des Wirkungsfeldes rechtsgeschäftlichen und nicht rechtsgeschäftlichen Handelns erneut — nunmehr jedoch in modifizierter Form — sichtbar. Es kann angesichts der rechtlichen Relevanz vieler nicht rechtsgeschäftlicher Abreden nicht darum gehen, mit Hilfe globaler Begriffe, wie Vermögen, gesellschaftliches Leben, Familie, die Grenzen des Rechtsgeschäftes zu bestimmen. Vielmehr ist für jede einzelne Vereinbarung zu fragen, welche Grenzen die Rechtsordnung dem rechtlichen Wollen der Parteien setzt. Die Kriterien, nach denen diese Grenzen zu ermitteln sind, lassen sich nicht für eine unbestimmte Zahl verschiedenartiger Fälle ein für allemal begrifflich bestimmen. Es trifft nicht zu, daß „die" Vereinbarungen im gesellschaftlichen Leben ohne rechtsgeschäftliche Bedeutung sind. Ein Grund für die notwendige Auswegslosigkeit derartiger Versuche, die Grenzen rechtsgeschäftlichen Handelns in undifferenzierter Weise festzulegen, liegt in der sachlich oft divergierenden Struktur und der ständigen Wandlung dessen, was eine Gesellschaft als rechtlich bindendes Handeln akzeptiert. Das Verständnis sozialer Verhaltensweisen als rechtserheblich ist zumindest dort, wo die Randzonen des rechtlich bedeutsamen Handelns erreicht werden, keine ein für allemal fixierbare Größe. Vielmehr ist dieses Ver-

II. Die Bewertung nicht rechtsgeschäftlicher Vereinbarungen 53

ständnis, das „Rechtsbewußtsein" einer Zeit, zu analysieren, um die möglichen Gegenstände des Rechtsgeschäftes zu ermitteln.

Mit dieser Feststellung ist jedoch erst eine Seite der Problematik aufgerissen. Es ließe sich immerhin fragen, warum der Gegenstand des Rechtsgeschäftes nicht wenigstens für einen eng umgrenzten Zeitraum begrifflich erfaßt und so in die Definition des Rechtsgeschäftes aufgenommen werden kann. Ist nicht vor allem der Gesetzgeber in der Lage, jederzeit die Grenzen rechtsgeschäftlichen Handelns konkret — also unter Berücksichtigung der sozialen Wirklichkeit — zu beschreiben? Diese Möglichkeit läßt sich gewiß nicht leugnen. Doch entscheidend ist, daß die aus dem Naturrecht und der historischen Rechtsschule erwachsenen zivilrechtlichen Kodifikationen unseres Kulturkreises eine begriffliche Fixierung des sachlichen Inhalts rechtsgeschäftlichen Handelns gar nicht anstreben und damit die Bestimmung dieses Inhalts in Wirklichkeit der gesellschaftlichen Entwicklung überlassen. Wir haben schon von der seit langem beobachteten[12] Tatsache gesprochen, wie stark das BGB von allen konkreten sozialen Bezügen der einzelnen Vertragstypen abstrahiert und diese als rein technische Gestaltungsmittel des Rechts grundsätzlich den Vertragspartnern aller sozialen Gruppierungen in jeder denkbaren Situation zur Verfügung stellt. Zwischen welchen Partnern aber tatsächlich ein Miet- oder Beförderungsvertrag mit primären Leistungsansprüchen geschlossen werden kann, ob es diesseits der §§ 134, 138 BGB Vereinbarungen gibt, die von den Vertragspartnern niemals in irgendeiner Beziehung rechtlich gesichert werden können — über diese Fragen lassen sich dem Gesetz kaum nennenswerte Anhaltspunkte entnehmen. Das BGB ist „entmaterialisiert", sachneutral. Diese Eigenart des Gesetzes macht die Frage nach der Möglichkeit einer materiellen Begriffsbestimmung des Rechtsgeschäftes durch den Gesetzgeber für unsere Rechtsordnung gegenstandslos. Denkbar ist ein Gesetz, das die gesellschaftlichen Beziehungen, die durch das Rechtsgeschäft geregelt werden können, normiert und vielleicht auch für die einzelnen Personengruppen spezifische Rechtsregeln schafft. Eine solche Kodifikation würde aber den Kreis der möglichen Rechtsgeschäfte abschließend bestimmen und damit der Fähigkeit entbehren, den Fluß neu entstehender wirtschaftlicher Bedürfnisse in der bestehenden Rechtsordnung aufzufangen. Die formale Regelung der Verpflichtungsgeschäfte im BGB entspricht den gegenwärtig an ein Gesetz zu stellenden Anforderungen. Sie muß inhaltsleer bleiben, soll sie nicht schon in kurzer Zeit durch die gesellschaftliche Entwicklung überholt sein. Diese bekannte Feststellung bleibt aber nutzlos, vergegenwärtigt man sich nicht zugleich

---

[12] Vgl. Max *Weber*, Rechtssoziologie, Neuwied 1960, S. 263 ff.; Franz *Wieacker*, Das Sozialmodell der klassischen Privatrechtsgesetzbücher und die Entwicklung der modernen Gesellschaft, Karlsruhe 1953, S. 3, 8 ff.

die Bedeutung der faktischen Rechtsentwicklung. Das BGB gibt nur Auskunft darüber, wie ein Vertrag im Rahmen der Rechtsordnung aufgebaut ist und abgewickelt wird. Es sagt nicht, was überhaupt zum Gegenstand eines rechtswirksamen Vertrages gemacht werden kann.

Erwarten wir die Antwort auf diese Frage aus einer Untersuchung des gegenwärtigen Verständnisses rechtserheblichen Handelns, dann wird damit keineswegs ein irrationaler Faktor in die Überlegung eingeführt. Soweit das Rechtsbewußtsein einer Zeit durch konkrete äußere Umstände bestimmt wird und sich in solchen Fakten niederschlägt, soweit die Interessen und ihre Bewertung in einer Gesellschaft sichtbar werden, ist das gesellschaftliche Verständnis über die Grenzen der rechtlichen Bindung rational faßbar. Die dabei zu berücksichtigenden Gesichtspunkte gehören, wie ein Blick auf die schon bisher in der Literatur abgehandelten Merkmale zeigt, ganz überwiegend der Sphäre des zwischenmenschlichen Verkehrs an. Das Handeln auf der gesellschaftlichen oder familiären Ebene soll einer anderen Beurteilung unterliegen als das geschäftsmäßige Verhalten; aus Gefälligkeit erbrachte Hilfeleistungen werden anders behandelt als entgeltliche Dienste. Das ganze in der Literatur angehäufte Material zeichnet sich vor allem durch die Eigenart der sozialen Verhältnisse gegenüber dem „Normalfall" des rechtsgeschäftlichen Verkehrs aus. Es ist daher der Versuch zu machen, mit Hilfe einer soziologischen — das kann hier nur heißen: rechtssoziologischen — Betrachtungsweise die sachlichen Bereiche rechtsgeschäftlichen und nicht rechtsgeschäftlichen Handelns festzustellen.

Die bislang wenig entwickelte Integration der rechtssoziologischen Forschung in die klassische Methodik der Rechtswissenschaft gebietet es, sich zunächst über die methodischen Grundlagen eines solchen Vorgehens Klarheit zu verschaffen. Ist die rechtssoziologische Methode überhaupt in der Lage, für unser konkretes Problem, das primär als rechtsdogmatisch charakterisiert ist, einen tauglichen Beitrag zu leisten? Nicht zufällig hat Larenz[13] stellvertretend für den um die Dogmatik des geltenden Rechts bemühten Juristen darauf hingewiesen, daß sich die soziologische Rechtslehre im wesentlichen in einer Kritik der Rechtsanwendungslehre des 19. Jahrhunderts erschöpfe. Man darf sehr daran zweifeln, ob dieses Urteil den Intentionen und Leistungen der rechtssoziologischen Forschung gerecht wird. Nicht zu übersehen ist jedoch, daß gerade im Selbstverständnis der Rechtssoziologie für eine bloß interpretierende und ergänzende Funktion dieser Wissenschaft im Rahmen des positiven Rechts wenig Raum ist. Die Rechtssoziologie[14] will

---

[13] Methodenlehre, S. 66.
[14] Aus der stark angewachsenen rechtssoziologischen Literatur seien die folgenden Werke erwähnt: Eugen *Ehrlich,* Grundlegung der Soziologie des

II. Die Bewertung nicht rechtsgeschäftlicher Vereinbarungen

„Tatsachenwissenschaft" sein, sie will das in der Gesellschaft wirklich geübte und sich entwickelnde Recht zum Objekt der Erkenntnis machen, nicht aber lediglich die von der dogmatischen Rechtswissenschaft betriebene Kunst der Gesetzesauslegung unterstützen. Die Forschungsintentionen der Rechtssoziologie sind auf die Erkenntnis der Rechtswirklichkeit gerichtet, nicht auf die Verwirklichung des schriftlich fixierten Rechts. Die Sammlung der das Rechtsleben gestaltenden Fakten, die Untersuchung der Gesetzesverwirklichung in den tatsächlichen Verhaltensweisen der Gesetzesadressaten berühren die Probleme der praktischen Rechtsanwendung ebenso peripher wie die Beobachtung allmählicher Veränderungen in der Rechtsübung oder die Feststellung geistesgeschichtlicher und ökonomischer Einwirkungen auf die Konstitution der Rechtswirklichkeit[15]. Rechtssoziologie und Rechtsdogmatik verfolgen so verschiedenartige Ziele, daß der nicht näher begründete Ruf nach der Beachtung rechtssoziologischer Fragestellungen in der Rechtsanwendung zu Mißverständnissen führen muß[16]. Zudem erhebt sich zwischen beiden Disziplinen die Barriere stark divergierender Methoden, die sich durch ideologische Postulate nicht überspringen läßt[17].

Mit der Feststellung dieser vorgegebenen Polarität sind wir jedoch nicht der Frage enthoben, ob die Rechtswissenschaft und insbesondere

---

Rechts, 3. Aufl., Berlin 1967; Theodor *Geiger*, Vorstudien zu einer Soziologie des Rechts, Acta Jutlandica XIX, 2, Kopenhagen 1947, Neuwied 1960; Georges *Gurvitch*, Grundzüge der Soziologie des Rechts, Neuwied 1960; Franz W. *Jerusalem*, Kritik der Rechtswissenschaft, Frankfurt a. M. 1948; Barna *Horváth*, Rechtssoziologie, Berlin 1934, ARSPh Beiheft 28. Ernst E. *Hirsch*, Das Recht im sozialen Ordnungsgefüge, Berlin 1966; Studien und Materialien zur Rechtssoziologie, hrsg. von Ernst E. *Hirsch* und M. *Rehbinder*, Köln und Opladen 1967: In diesem Werk findet sich (S. 373—412) eine ausführliche „Bibliographie der internationalen rechtssoziologischen Literatur" von M. *Rehbinder*. Ferner Paul *Trappe*, Zur Situation der Rechtssoziologie, Tübingen 1968.

[15] Vgl. *Gurvitch* a.a.O. S. 123 im Anschluß an Hugo *Sinzheimer*, Die Aufgabe der Rechtssoziologie (holl.), Haarlem 1935.
[16] Ein instruktives Beispiel bildet die Kontroverse zwischen *Larenz* und *Zippelius*, vgl. unten Anm. 24, S. 59.
[17] Vgl. dazu Eugen *Ehrlich* a.a.O. S. 1 ff., 393 ff.; C. A. *Emge*, Die Bedeutung der rechtssoziologischen Sachverhalte für die Dogmatik, in: Studien u. Materialien a.a.O. S. 182—196; E. E. *Hirsch*, a.a.O. S. 11 ff. Es ist bezeichnend, daß Eugen Ehrlich, der zu den Vätern der Rechtssoziologie zu zählen ist, in der praktischen Rechtsanwendung ganz andere Wege ging und auch zu den Begründern der Freirechtsschule gehört (vgl. unten Anm. 22). So sehr Ehrlich die Rechtswissenschaft als reine Erfahrungswissenschaft auf soziologischer Grundlage verstanden wissen wollte, so wenig dachte er an eine systematische Verwertung rechtssoziologischer Erkenntnisse im Rahmen der richterlichen Rechtsanwendung. Der Ruf nach freier Rechtsfindung stellte einen ersten Einbruch in den unbedingten Glauben an den rein technischen Charakter der Subsumtion dar. Er führte zwar zu einem neuen Verständnis richterlicher Tätigkeit, nicht aber zur Herausbildung spezifischer Entscheidungskriterien. Eine Brücke von der Erfahrungswissenschaft zur Normwissenschaft schlug Ehrlich nicht.

die Rechtsprechung einer Auswertung der nun einmal vorhandenen soziologischen Fakten antreten kann. Diese Frage stellt sich ganz besonders dort, wo die Entwicklung der Rechtswirklichkeit vom Gesetz nicht mehr eingefangen werden kann, in der gesetzlichen Regelung also Lücken sichtbar werden oder aber der Gesetzgeber unter Verzicht auf eine positive Regelung der tatsächlichen Rechtsübung bewußt freien Raum gelassen hat. Die Diskussion um die Prinzipien und Grenzen der Lückenausfüllung und Rechtsfortbildung setzte schon bald nach Inkrafttreten des BGB ein und hat gerade wieder in jüngster Zeit eine starke Belebung erfahren[18]. Im Vordergrund der Überlegungen stehen die Vereinbarkeit richterlicher Rechtsfortbildung mit der Bindung der rechtsprechenden Gewalt an das Gesetz und die Einführung vorpositiver Wertsysteme in die Rechtsordnung. Daneben ist dem Problem der inneren Rechtfertigung neu geschaffenen Richterrechts große Beachtung geschenkt worden. Diese Frage nun, warum die Rechtsprechung neue Rechtsregeln und Rechtsinstitute entwickeln kann und dies unter bestimmten Voraussetzungen auch tun muß, berührt unmittelbar die Faktizität einer Rechtsordnung in der Gesellschaft. Solche Rechtsfortbildung geschieht regelmäßig, um den „Verkehrsbedürfnissen" oder bestimmten, vom Recht anerkannten Prinzipien des sozialen Zusammenlebens — Treuepflicht, Fürsorgepflicht, Vertrauensschutz usw. — gerecht werden zu können. Die Berufung auf derartige Rechtsgrundsätze darf jedoch die dahinterstehende Frage, warum eine Fallgruppe auf diese Weise zu lösen ist, nicht verdecken[19]. Die Prinzipien der Rechtsordnung werden

---

[18] Aus der kaum noch zu übersehenden Literatur seien genannt: Oskar *Bülow*, Gesetz und Richteramt, Leipzig 1885; Eugen *Ehrlich*, Über Lücken im Rechte, in: Jur. Bll. 1888, S. 447 ff.; jetzt in der Sammlung Eugen *Ehrlich*, Recht und Leben, Berlin 1967, S. 80—169; Hans *Reichel*, Gesetz und Richterspruch, Zürich 1915; Hermann *Isay*, Rechtsnorm und Entscheidung, Berlin 1930; Emilio *Betti*, Ergänzende Rechtsfortbildung als Aufgabe der richterlichen Gesetzesauslegung, in: Festschrift für Leo Raape, Hamburg 1948, S. 379 bis 399; Arthur *Meier-Hayoz*, Der Richter als Gesetzgeber, Zürich 1951; Paul *Bockelmann*, Richter und Gesetz, in: Festschrift für Rudolf Smend, Göttingen 1952, S. 23—39; Gustav *Boehmer*, Grundlagen der Bürgerlichen Rechtsordnung, Bd. II, 2: Praxis der richterlichen Rechtsschöpfung, Tübingen 1952; Guenter *Less*, Vom Wesen und Wert des Richterrechts, Erlangen 1954; Harry *Westermann*, Wesen und Grenzen der richterlichen Streitentscheidung im Zivilrecht, Münster 1955; Josef *Esser*, Grundsatz und Norm in der richterlichen Fortbildung des Privatrechts, Tübingen 1956; Franz *Wieacker*, Gesetz und Richterkunst, Karlsruhe 1958; Karl *Larenz*, Wegweiser zu richterlicher Rechtsschöpfung, in: Festschrift für Arthur *Nikisch*, Tübingen 1958, S. 275 bis 305; ders. Methodenlehre a.a.O. S. 273 ff.; Hans *Merz*, Auslegung, Lückenfüllung und Normberichtigung, AcP 163 (1964) S. 305 ff.; Claus Wilhelm *Canaris*, Die Feststellung von Lücken im Gesetz, Berlin 1964; Reinhold *Zippelius*, Zum Problem der Rechtsfortbildung, NJW 1964, S. 1981—1987; Karl *Larenz*, Richterliche Rechtsfortbildung als methodisches Problem, NJW 1965, S. 1—10; ders. Kennzeichen geglückter richterlicher Rechtsfortbildung, Karlsruhe 1965.

[19] Vgl. dazu Karl N. *Llewellyn*, Eine realistische Rechtswissenschaft — der nächste Schritt, in: Studien und Materialien zur Rechtssoziologie, a.a.O. S. 54

II. Die Bewertung nicht rechtsgeschäftlicher Vereinbarungen

angewendet, weil eine soziale Wirklichkeit gegeben ist, die eine bestimmte Wertung herausfordert. Die culpa in contrahendo etwa — in der Literatur als ein klassisches Beispiel richterlicher Rechtsfortbildung viel erörtert — läßt sich nicht allein aus dem Gedanken des Vertrauensschutzes, der Natur der Sache oder ähnlichen Grundsätzen rechtfertigen. Das Rechtsinstitut hängt entscheidend von der gesellschaftlichen Wirklichkeit ab, von der Einleitung geschäftlicher Beziehungen und der Begründung gewisser Risiken durch einen Geschäftspartner. Weil der mit unbekannten Dritten in Kontakt tretende Verkäufer geschäftliche Vorteile erstrebt, soll er auch für den gerade dadurch dem Dritten entstehenden Schaden haften. Die Haftung aus culpa in contrahendo trifft also nicht jeden, der einen Verkehr in einem Gebäude eröffnet — dieser übernimmt nur Sorgfaltspflichten im Rahmen der §§ 823 ff. BGB —, sondern nur denjenigen, der den Abschluß von Verträgen anstrebt[20].

---

bis 86. Llewellyn erwähnt als Beispiel die „Sicherheit des Rechtsverkehrs" und spricht hier nicht zu Unrecht von einem „Begriff, der in konkreten Situationen noch das meiste der Faktensammlung und der Faktenabwägung zu tun übrig läßt" (a.a.O. S. 68). In diesem Fragenkreis spielt zudem das Problem eine große Rolle, wie man sich die Entstehung neuen, aus der richterlichen Rechtsanwendung gewachsenen Gewohnheitsrechts überhaupt vorzustellen hat. Hans *Dölle*, Außergesetzliche Schuldpflichten, Z. f. ges. Staatswiss. 103 (1943) S. 67—102 setzt sich mit dieser Problematik auseinander und gelangt für den Fall der Lückenausfüllung zu dem Ergebnis, daß in der Rechtsfindung nicht nur Rechtsbeziehungen für einen konkreten Fall festgestellt, sondern objektives Recht gefunden werde (a.a.O. S. 83). Seine Überlegungen kulminieren in der Schlußfolgerung, daß bis zur Anerkennung eines Rechtssatzes als Gewohnheitsrecht dieser Rechtssatz und die auf ihm beruhende Entscheidung auch schon Recht sein müssen. Andernfalls „gäbe es richtige rechtliche Entscheidungen, die nicht auf Recht beruhen"! (a.a.O. S. 82 Anm. 3). Somit gibt es „verborgene Rechtsnormen" (a.a.O. S. 81 Anm. 3). Es drängt sich die Frage auf, ob dieses Sichtbarwerden gewohnheitsrechtlicher Normen nicht durch eine Erforschung der zugrunde liegenden sozialen Entwicklungsprozesse rational einsichtig gemacht werden kann. Dem Richter könnten sich hier Kriterien anbieten, die es ihm ermöglichen, die Entscheidung über die rechtliche Relevanz eines Verhaltens schon unter der Schwelle der gewohnheitsrechtlichen „Anerkennung" sachgerecht zu begründen.

[20] Wolfgang *Thiele*, Leistungsstörung und Schutzpflichtverletzung, JZ 1967, S. 649—657, 651 möchte die Haftungsfälle der c. i. c. von der deliktischen Haftung wegen Verletzung einer Verkehrssicherungspflicht mit dem Hinweis auf die auch Verhandlungsverhältnisse kennzeichnende „Sonderverbindung" bestimmter Personen begründen. An diesem „gewollten und gezielten Kontakt" fehle es bei der bloßen Eröffnung eines Verkehrs. Mir scheint es zweifelhaft, ob dieser zunächst einleuchtende Gedanke ausreicht, die Haftung aus c. i. c. zu begründen. Zu Sonderverbindungen führende „gezielte Kontakte" ergeben sich auch dort, wo Geschäftsräume von Besuchern betreten werden, die dem Inhaber einen privaten Besuch abstatten oder von Haus zu Haus Zeitschriften anbieten wollen. Der Begriff der Sonderverbindung ist daher zu ergänzen: zum Zwecke der Geschäftsanbahnung. Und auch die hiernach möglichen Fallgestaltungen sind auf den Bereich des eigentlichen „Geschäftslebens" zu beschränken. Wer auf eine Zeitungsannonce hin ein Privathaus betritt, um dort ein zum Verkauf angebotenes Klavier zu besichtigen und auf der unzureichend gesicherten Treppe Verletzungen erleidet, kann Schadensersatz nur nach den §§ 823 ff. BGB verlangen.

2. Abschnitt: Rechtserhebliches Handeln verschiedener Intensität

Die Begründung der culpa in contrahendo enthält also eine spezifisch soziologische Komponente, die nicht verschwiegen werden darf, soll die Berechtigung des Instituts voll einsichtig gemacht werden. Ähnliche an der Eigenart sozialer Verhaltensweisen orientierte Überlegungen ließen sich zu den gewöhnlich unter § 242 BGB subsumierten Rechtsinstituten, zu vielen Erscheinungen des Arbeitsrechts und manchem anderen aus richterlicher Rechtsübung entstandenen Rechtssatz anstellen[21].

Die Berufung auf die der Rechtsordnung immanenten Prinzipien soll damit nicht in Frage gestellt werden. Aber die der richterlichen Wertung bei der Lückenausfüllung häufig vorangehende Berücksichtigung konkreter gesellschaftlicher Verhältnisse sollte nicht stillschweigend übergangen, sondern als wesentlicher Teil des Entscheidungsprozesses sichtbar gemacht werden. Die Kriterien der Rechtsfortbildung würden auf diese Weise in stärkerem Maße rational faßbar werden. Den schärferen Blick für die Rechtswirklichkeit, die in ihr verborgenen Interessen und differenzierten sozialen Verhältnisse haben schon die Vertreter der Freirechtsschule[22] und Interessenjurisprudenz[23] gefordert. Aber der

---

[21] Besonders deutlich erkennbar sind die sozialen Voraussetzungen bei der Lehre vom Wegfall der Geschäftsgrundlage. Die „beim Vertragsabschluß zutage getretene, vom Geschäftsgegner in ihrer Bedeutung erkannte und nicht beanstandete Vorstellung eines Beteiligten oder die gemeinsame Vorstellung beider Teile vom Vorhandensein oder dem künftigen Eintritt oder Nichteintritt gewisser Umstände, auf denen sich die Geschäftswille aufbaut" (RGZ 168, 126 f.) ist in der Rechtsprechung vor allem auf konkrete wirtschaftliche Gegebenheiten bezogen worden (vgl. dazu Staudinger-Weber Rd. Nr. E 84—88 zu § 242). Um das Rechtsinstitut der Geschäftsgrundlage gegen eine willkürliche oder sich in reiner Kasuistik erschöpfende Auslegung abzusichern, wäre eine systematische Klärung der zu berücksichtigenden wirtschaftlichen Veränderungen, also dessen, was das Reichsgericht „gewisse Umstände" nennt, erforderlich.

[22] Eugen *Ehrlich*, Freie Rechtsfindung und freie Rechtswissenschaft, Leipzig 1903; ders., Die richterliche Rechtsfindung auf Grund des Rechtssatzes, JherJB. 67 (1917) S. 1—80; beide Schriften jetzt in der Sammlung Eugen *Ehrlich*, Recht und Leben, Berlin 1967, S. 170—202 und S. 203—252; K. G. *Wurzel*, Das juristische Denken, 2. Aufl. Wien 1924; Gnaeus *Flavius* (Hermann Kantorowicz), Der Kampf um die Rechtswissenschaft, Heidelberg 1906; Max *Rumpf*, Gesetz und Richter, Berlin 1906; vgl. jetzt die eingehende Darstellung der Freirechtsschule von Klaus *Riebschläger*, Die Freirechtsbewegung, Berlin 1968.

[23] Philipp *Heck*, Das Problem der Rechtsgewinnung, 2. Aufl. Tübingen 1932; ders., Gesetzesauslegung und Interessenjurisprudenz, AcP 112 (1914) S. 1 ff.; ders., Begriffsbildung und Interessenjurisprudenz, Tübingen 1932; ders., Interessenjurisprudenz, Tübingen 1933. Die erstgenannten drei Titel wurden neu herausgegeben in den Studien und Texten zur Theorie und Methodologie des Rechts, Bd. 2, Bad Homburg v. d. H., Berlin, Zürich 1968. Vgl. ferner Bd. 1 derselben Reihe, Johann *Edelmann*, Die Entwicklung der Interessenjurisprudenz, 1967.
Der Interessenjurisprudenz geht es primär um die Erkenntnis der vom Gesetzgeber vorgenommenen Interessenbewertung, die der Richter bei seiner Entscheidung zu berücksichtigen hat. Doch erschöpfen sich darin — entgegen *Wieacker*, Gesetz und Richterkunst S. 9 — die Bemühungen der Interessenjurisprudenz nicht. Wie *Larenz* zutreffend beobachtet hat (Methodenlehre

II. Die Bewertung nicht rechtsgeschäftlicher Vereinbarungen 59

Schwerpunkt der von ihnen formulierten Programme gegen die Einseitigkeit der Begriffsjurisprudenz lag doch primär in einer neuen Sicht der richterlichen Urteilstätigkeit. Methodische Hilfen für die Erfassung der Rechtswirklichkeit wurden nur in Ansätzen entwickelt. So bedarf der von der Interessenjurisprudenz aufgestellte und in die Rechtsprechung eingegangene Grundsatz, daß bei der richterlichen Entscheidung die jeweilige Interessenlage zu berücksichtigen ist, der Weiterentwicklung zu einem differenzierteren methodischen Hilfsmittel, das erkennen läßt, warum eine gegebene Interessenlage zu einer bestimmten Entscheidung zwingt. Das ist nur möglich mit Hilfe einer subtilen soziologischen Betrachtungsweise, die nicht an die Stelle der notwendigen Subsumtionsarbeit treten, diese jedoch bei Vorliegen von echten Regelungslücken im Gesetz in rationaler Weise fortführen kann. Der so skizzierte methodische Ansatz entspricht nicht den herkömmlichen Disziplinen der Rechtssoziologie. Er läßt sich allenfalls als eine angewandte Rechtssoziologie charakterisieren, die soziologische Erkenntnisse in den Dienst der Rechtsanwendung stellt[24].

S. 51 ff.), soll der Richter die im Gesetz enthaltenen Werturteile gerade im Hinblick auf den zu entscheidenden Fall nachvollziehen. Darin liegt der Gedanke beschlossen, bei der Fallentscheidung auch die konkreten Interessen der Parteien zu berücksichtigen. So sagt *Heck* (Interessenjurisprudenz S. 19): „Auch der Richter hat Interessen abzugrenzen, Interessenkonflikte zu entscheiden wie der Gesetzgeber." Was die Interessenjurisprudenz mit ihren Mitteln jedoch nicht leisten konnte, ist die Bereitstellung von Lösungsmodellen, welche die zu berücksichtigenden Elemente nennen.

[24] Die praktische Verwertung soziologischer Forschungsergebnisse oder die Anwendung rechtssoziologischer Betrachtungsweisen in der Rechtsdogmatik ist über programmatische Erklärungen nicht wesentlich hinausgekommen. Wenig weiterführend insoweit auch C. A. *Emge* a.a.O.; *Zippelius* a.a.O. S. 1982 sagt zutreffend, daß sich bei der Verwirklichung der Normenordnung „der Einbruch der Wirklichkeit ins Recht" zeige. Interessen und politische Tendenzen nehmen auf die Interpretation Einfluß. Die Konkretisierung der Normenordnung sei daher Normerkenntnis plus „Dezision", „wobei sich in eben dieser Dezision auch soziologische Kräfte und Erfordernisse Gehör verschaffen können". Mit diesen Feststellungen ist nur der Grundsatz formuliert, jedoch noch nichts gewonnen für die Herausbildung konkreter Entscheidungsmaximen zur Berücksichtigung soziologischer Fakten. Freilich wird man sich davor hüten müssen, allgemeine Richtlinien zu finden, die für ganz verschiedenartige Fälle passable Handhaben abgeben könnten. Es kann immer nur darum gehen, beispielhafte Modelle zu entwickeln, die einer bestimmten Fallgruppe angemessen, darüber hinaus aber nur als Anregung dienen können. Ein gelungenes Beispiel für die Anwendung rechtssoziologischer Aspekte auf ein konkretes rechtsdogmatisches Problem bietet Uwe *Diederichsen*, Die Haftung des Warenherstellers, München u. Berlin, 1967, S. 315 ff. Die folgende Bemerkung Diederichsens kann man nur nachdrücklich unterstreichen (S. 319): „Die rechtssoziologische Betrachtung vermag aber nicht nur in einem bestimmten Rechtsinstitut als in einem bestimmten sozialen Vorgang „angelegt" nachzuweisen, sondern sie kann darüber hinaus auch Aussagen darüber machen, daß von bestimmten Vergesellschaftsformen aus gewisse Gerechtigkeitsgehalte berücksichtigt werden müssen." Diederichsen berücksichtigt dabei die folgenden soziologischen Gegebenheiten: die communis opinio der Juristen,

Dabei soll nicht übersehen werden, daß diese Methode nicht für jedes bei der Ausfüllung von Gesetzeslücken auftretende Problem sachgerechte Lösungshinweise bereit hält. Aber es wird jeweils zu fragen sein, ob sich unter der scheinbar rein juristischen Problematik nicht ganz verschiedenartige Formen zwischenmenschlicher Beziehungen verbergen, deren tatsächliche Struktur aufzuhellen ist, ehe nach den Rechtsfolgen gefragt werden kann. Wir haben bereits festgestellt, daß der materielle Inhalt des Rechtsgeschäftes primär durch verschiedenartige Faktoren der sozialen Wirklichkeit konstituiert zu sein scheint, ja, daß die formale Konzeption des BGB notwendig die möglichen sachlichen Inhalte des Rechtsgeschäftes der tatsächlichen gesellschaftlichen Entwicklung überläßt. Daß diese Entwicklung selbst immer wieder von der bestehenden Rechtsordnung mitgestaltet wird, versteht sich von selbst.

Eines freilich muß mit aller Deutlichkeit gesagt werden: die in die rechtsdogmatische Fragestellung eingeschaltete soziologische Untersuchung ist nicht mehr als ein notwendiger Katalysator, der die Entscheidung, was überhaupt Gegenstand rechtlicher Regelung sein kann, in einer rational nachprüfbaren Weise ermöglicht. Die soziologische Methode selbst ist dagegen nicht in der Lage zu sagen, warum ein Verhalten als rechtlich relevant zu beurteilen ist. So ist es etwa auf Grund soziologischer Differenzierung möglich, einen normalerweise berufsmäßig erbrachten Dienst, der nach dem Wunsch der Parteien einmal gewisser Rechtsfolgen entbehren soll, anders zu behandeln als denselben von einer berufsfremden Person aus Gefälligkeit geleisteten Dienst. Doch liegt das wertende Urteil, das unterschiedliche Rechtsfolgen für beide Fälle ausspricht, jenseits der Soziologie. Sie vermag keine Auskunft darüber zu geben, warum etwas Recht ist und ein anderes nicht. Diese Grenzen der soziologischen Methode werden gegenüber den Versuchen, eine soziologische Rechtstheorie zu begründen[25], im Auge zu behalten sein.

---

die Differenzierung sozialer Gruppen und den gesellschaftlichen Zwangscharakter faktischer Vorgänge. Die methodischen Einwendungen von *Larenz* (Richterliche Rechtsfortbildung S. 3 f.) gegen *Zippelius* scheinen auf einem Mißverständnis zu beruhen. Larenz stellt methodische Rechtsanwendung und persönliche Entscheidung des Richters gegenüber und engt dabei den erstgenannten Bereich auf spezifisch juristische Erkenntnisvorgänge ein. Dagegen äußert er Zweifel, ob „Interessen, politischen Tendenzen und anderen Kräften" Einfluß auf die Interpretation und Rechtsfortbildung eingeräumt werden darf. Man kann sich schlecht vorstellen, daß Larenz damit hinter die Position der Interessenjurisprudenz zurückgehen will. Soweit Larenz aber unter die Kategorien methodischer Rechtsanwendung neben der Subsumtion auch die „verstehende Deutung der Norm und Konkretisierung ausfüllungsbedürftiger Begriffe" zählt, stellt sich ja gerade die Frage, ob diese Auslegungsprinzipien oft nicht erst durch die Berücksichtigung soziologischen Materials eine methodische, d. h. rational nachprüfbare Rechtsanwendung ermöglichen. Vgl. dazu besonders Paul *Trappe* a.a.O. S. 12—14.

[25] Vgl. etwa *Geiger*, Vorstudien a.a.O., der die Wirklichkeit der Norm als

II. Die Bewertung nicht rechtsgeschäftlicher Vereinbarungen

Es ergibt sich also die Schwierigkeit, daß der sachliche Umkreis rechtsverbindlichen Verhaltens nur unter Heranziehung einzelner Fakten der sozialen Wirklichkeit beschrieben werden kann, andererseits aber diesen Umständen keine Aussage darüber zu entnehmen ist, warum sie als rechtserheblich oder rechtlich irrelevant anzusehen sind. Diese Bewertung ist nur im Rahmen der Rechtsordnung und der ihr immanenten Wertungsgrundsätze möglich. Weder die bloße Faktizität noch eine Summe einzelner Rechtsprinzipien können also für sich eine Antwort auf die Frage nach den Grenzen der rechtlichen Verpflichtung geben. Der Tatsachenstoff bedarf einer Sichtung unter normativem Aspekt, während das Recht für unsere Problemstellung nur etwas auszusagen vermag, wenn die Masse der konkreten Vereinbarungen einer differenzierten soziologischen Aufschlüsselung zugeführt wird. Das Verhältnis von Normativität und Faktizität ist dialektischer Natur, sofern die Fakten etwas zur Klärung der rechtlichen Relevanz eines Verhaltens beitragen sollen.

b) Die soziologischen Elemente nicht rechtsgeschäftlicher Vereinbarungen

Die Einbeziehung soziologischer Gegebenheiten in eine Untersuchung nicht rechtsgeschäftlicher Vereinbarungen bedeutet die Berücksichtigung der jeweiligen gesellschaftlichen Gruppierung bei der Beurteilung des einzelnen Falles. Die Notwendigkeit eines solchen Vorgehens hat sich einmal aus prinzipiellen Erwägungen ergeben, zum anderen bei der Erörterung des in der Rechtsprechung behandelten Fallmaterials als unumgehbar aufgedrängt. Zur besseren Veranschaulichung seien zunächst den bisher erwähnten Fällen einige Beispiele hinzugefügt, mit deren Hilfe die Bedeutung der sozialen Komponente einer Vereinbarung sichtbar gemacht werden kann.

In einer Familie ist ein der Ehefrau gehörender Elektroherd defekt. Es bietet sich nun die Möglichkeit, die notwendige Reparatur durch einen Handwerker, den Ehemann oder einen zufällig anwesenden Gast durchführen zu lassen. In allen Fällen handelt es sich um den gleichen tatsächlichen Vorgang. Die rechtliche Beurteilung wird indessen unterschiedlich ausfallen. Die Vereinbarung eines primären Leistungsanspruches mit dem zur Reparatur bereiten Handwerker ist selbstverständlich möglich. Eine gleichartige Abrede mit dem zufällig anwesenden Gast ist jedenfalls problematisch, mit dem Ehemann kaum denkbar. Entsprechendes gilt für eine vertragliche Haftung des Leistenden. Die Haftung

---

ihre Wirkungschance beschreibt (S. 32) und in seinen Überlegungen zur Verbindlichkeit der Rechtsnorm (S. 157 ff.) über die Charakterisierung der von der Rechtsidee geforderten Entscheidungen als „Phantasievorstellungen" nicht hinauskommt.

des Handwerkers jedenfalls für grobe Fahrlässigkeit ist auch dann in Erwägung zu ziehen, wenn die Leistung „aus Gefälligkeit" erbracht wird. Die Heranziehung des Gastes für einen entstandenen Schaden auf der Grundlage des Vertragsrechts wäre fragwürdig, die des Ehemannes absurd. Wird ein schadenbringender Elektroapparat unter Geschäftsfreunden geschenkt, so wird das Urteil der Rechtsordnung über die Haftung des Schenkers anders ausfallen als bei der Schenkung desselben Gerätes unter Familienangehörigen. Ein so einfacher Vorgang, wie die einem Reisenden im Bahnhof geleistete Hilfe beim Koffertragen, erscheint je nach der Person des Hilfsbereiten in ganz verschiedenem Licht. Während der Bahnbeamte in diesem Fall als Erfüllungsgehilfe hinsichtlich des abgeschlossenen Beförderungsvertrages anzusehen ist, kann zwischen dem Reisenden und einem Dritten, der solche Hilfeleistungen zwar nicht berufsmäßig, aber doch häufig in der Hoffnung auf ein Trinkgeld zu erbringen pflegt, ein Dienstvertrag zustande gekommen sein. Dagegen scheint eine solche Annahme fern zu liegen, wenn ein anderer Benutzer der Bahn den Koffer tragen hilft. Das Beispiel mag auch illustrieren, wie wenig der gängige Gedanke der Gefälligkeit weiterhilft. Dieses Motiv kann bei allen drei Varianten des Falles vorliegen. Es erlaubt jedoch nicht die gebotene Differenzierung, sondern verdeckt lediglich die tatsächlich auf Grund der sozialen Verhältnisse getroffene Unterscheidung. In ähnlicher Weise läßt sich fast jedes der klassischen Beispiele nicht rechtsgeschäftlicher Vereinbarungen mit Vertragsgestaltungen konfrontieren, die unter anderen sozialen Bedingungen zumindest in den näheren Umkreis des Rechtsgeschäfts gehören.

Eine Durchsicht der im Rahmen unserer Problematik zu berücksichtigenden sozialen Gruppierungen läßt in groben Zügen vier Lebensbereiche erkennen, die zu unterschiedlichen Wertungen Anlaß geben. Die geschlossenste gesellschaftliche Gruppe, die durch vielfältige Formen nicht rechtsgeschäftlicher Vereinbarungen ausgezeichnet ist, bildet die Familie. Absprachen über die Heirat und Erziehung der Kinder sind ebenso häufig wie Vereinbarungen im Familienalltag oder die Zusage eines Monatswechsels an den studierenden Sohn. Scharf von derartigen Vorgängen in der Familie lassen sich die Vereinbarungen des freundschaftlichen und gesellschaftlichen Verkehrs unterscheiden. Der in Frage kommende Personenkreis ist nicht abgrenzbar. Das gleiche gilt für Vereinbarungen im Bereich des beruflichen und wirtschaftlichen Lebens. Zwar handelt es sich hier ganz überwiegend um rechtsgeschäftliche Vorgänge. Die Parteien können jedoch durch den Verzicht auf Leistungsansprüche Vertragsformen schaffen, die vielen nicht rechtsgeschäftlichen Vereinbarungen ähneln. Schließlich sind die so häufigen zufälligen und nur ganz vorübergehenden Kontakte zu erwähnen, für die als charakteristische Beispiele etwa die Hilfe beim Koffertragen, die zeitweilige

II. Die Bewertung nicht rechtsgeschäftlicher Vereinbarungen

Überlassung eines Opernglases an einen fremden Theaterbesucher oder die durch einen Straßenpassanten erteilte Auskunft dienen können. Man spricht in diesem Zusammenhang gern von den Gefälligkeiten des täglichen Lebens, deren nicht zu leugnende Typizität ihre Heraushebung gegenüber den anderen Fallgruppen methodisch rechtfertigt. Eine weitere Differenzierung der hier vorgenommenen Unterscheidungen ist natürlich ebenso möglich wie die ergänzende Feststellung weiterer, minder wichtiger Gruppierungen.

Schon jetzt wird deutlich, daß zumindest die letztgenannten drei Fallgruppen weniger durch einen bestimmten Personenkreis als durch einen jedenfalls annäherungsweise definierbaren Funktionsbereich gekennzeichnet sind. Selbst die Zugehörigkeit zur Familie läßt sich mit Einschränkungen als die Teilhabe an einem Funktionsbereich des menschlichen Daseins beschreiben. In den Lebensbereichen Familie, gesellschaftliche und berufliche Existenz findet sich der größte Teil des zwischenmenschlichen Verkehrs. Es gibt keine Personengruppe, die nur dem einen oder anderen Bereich zugeordnet wäre. Die ins Auge gefaßten sozialen Gruppen erweisen sich also bei näherem Hinsehen als Betätigungsfelder in der Gesellschaft.

Der Versuch, die Eigenart der genannten sozialen Funktionsbereiche für das zu untersuchende Problem fruchtbar zu machen, wird sich davor hüten müssen, ein summarisches Urteil über die rechtliche Bedeutung der diesen Funktionsbereichen angehörenden Vereinbarungen zu treffen. Der Gemeinplatz von der Unverbindlichkeit der im gesellschaftlichen Verkehr vorkommenden Abreden setzt ebenso wie Josef *Kohlers* Postulat der Geschäftsmäßigkeit rechtsgeschäftlicher Verhaltensformen voraus, daß die Struktur unserer Rechtsordnung die Verabsolutierung einer bestimmten Schicht des zwischenmenschlichen Verkehrs als alleiniger Basis rechtserheblichen oder rechtlich irrelevanten Handelns ermöglicht. Wie wir bereits sahen, ist aber die Ausklammerung einzelner sozialer Lebensbereiche aus dem Geltungsbereich der Rechtsordnung nach unserer Kodifikation nicht möglich. Grund dieser Erscheinung ist die Tatsache, daß die rechtsgeschäftlichen Vertragstypen an bestimmte gesellschaftliche Gegebenheiten in der Regel nicht gebunden sind. Entsprechend können gleichartige Vorgänge nicht rechtsgeschäftlicher Art in verschiedenen sozialen Gruppierungen beobachtet werden. Die gleichen Bedürfnisse können nicht selten auf der gesellschaftlichen, wirtschaftlichen oder auch familiären Ebene befriedigt werden.

Eine sinnvolle Berücksichtigung der tatsächlichen Bedingungen eines Vertrages im Rahmen der rechtlichen Würdigung ist nur möglich, wenn die spezifische Eigenart der den einzelnen Individuen zugeordneten Funktionsbereiche analysiert wird. Nur auf diese Weise ist es möglich, zufällige und typische Vertragsformen der einzelnen sozialen Gruppen zu unterscheiden. Die Betätigungsfelder der sozialen Existenz des Menschen sind selbst — vor jeder wertenden Beurteilung durch die Rechtsordnung — durch den ihnen immanenten Sinn geprägt. Am deutlichsten wird dieser die tatsächlichen Vorgänge in ihrer realen Erscheinungsform konstituierende Sinn bei der Gegenüberstellung des Handelns im wirtschaftlichen und gesellschaftlich-freundschaftlichen Bereich. Ziel aller beruflichen und wirtschaftlichen Tätigkeit ist die Befriedigung der für erforderlich gehaltenen Bedürfnisse in einer vorausberechneten und geplanten Form. Dieses letztere Moment hat zur Konsequenz, daß den aufgenommenen Kontakten ein hoher Grad von Verbindlichkeit innewohnt, da das komplizierte System der privaten Wirtschafts- und Bedarfsplanung nur durch die Verbindlichkeit der getroffenen Absprachen funktionsfähig bleibt. Das Vertrauen auf die Zusage des Vertragspartners, das Einstehen für die nicht vereinbarungsgemäß erbrachte Leistung sind nicht nur charakteristisch für die auf der wirtschaftlichen Ebene geschlossenen Verträge, sondern vor allem auch von der Sache her gefordert und notwendig. Dagegen ist das Verhalten im gesellschaftlichen Leben gerade durch die Unverbindlichkeit des Handelns gekennzeichnet. Der Begriff des „Gesellschaftlichen" soll dabei nicht auf die mit diesem Wort in der Regel verbundenen spezifischen Vorgänge des gehobenen sozialen Verkehrs — Einladungen, Empfänge, Theaterbesuche etc. — beschränkt werden. Der Bereich des gesellschaftlichen Lebens umfaßt die Summe der zwischenmenschlichen Beziehungen schlechthin, soweit diese nicht der Familie oder der Bedürfnisbefriedigung im wirtschaftlichen Verkehr angehören. Es fehlt ihm weitgehend die Qualifikation der Existenzsicherung. Die Vereinbarungen auf dieser Ebene kennzeichnen sich durch die grundsätzliche Freiwilligkeit des Handelns in jeder Phase der Vertragsabwicklung aus. Die soziale Wirklichkeit modifiziert also die dem Phänomen des Versprechens per se innewohnende Bindung, indem sie gewisse Verhaltensformen für unverbindlich erachtet. Diese Modifizierung hat unabhängig vom Willen der Beteiligten ihren Grund in der tatsächlichen Gestaltung des sozialen Lebens. Nicht der Wille des einzelnen gibt der gesellschaftlichen Vereinbarung ihr typisches Gepräge, sondern die sich im äußeren Verhalten niederschlagende Überzeugung der Allgemeinheit. Für die rechtliche Bewertung der nicht rechtsgeschäftlichen Vereinbarungen ergibt sich daraus die Forderung, jene Vereinbarungen, die typischer Ausdruck gesellschaftlicher Unverbindlichkeit sind, von Verträgen zu unterscheiden, mit denen nur zufällig im gesellschaftlichen Rahmen ein in der Regel in rechtsgeschäftlicher Form verfolgter Zweck angestrebt wird.

Sowohl die Sphäre des gesellschaftlichen Lebens wie auch des beruflichen und wirtschaftlichen Handelns wird durch die in der Kategorie

II. Die Bewertung nicht rechtsgeschäftlicher Vereinbarungen

der zufälligen Kontakte zusammengefaßten Verhaltensformen berührt. Sachlich kann es dabei um Vorgänge echter Bedarfsbefriedigung gehen, häufig aber auch nur um belanglose Begegnungen gesellschaftlicher Art. Gemeinsam haben die hier zu berücksichtigenden Fälle, daß die Erfüllung unerwartet auftretender Bedürfnisse angestrebt wird und der Vertragspartner aus diesem Grunde nicht in planvoller Überlegung gewählt, sondern durch den Zufall bestimmt wird. Das hat zur Folge — und darin unterscheiden sich derartige Fälle z. B. vom zufallsbedingten Aufsuchen eines Geschäftes —, daß der Vertragspartner seine Leistung in der Regel nicht berufsmäßig zu erbringen pflegt. An Hand dieser Kriterien sind generelle Aussagen über die Verbindlichkeit der im täglichen Leben erwiesenen Gefälligkeiten nicht möglich. Man wird nicht so weit gehen können, ihnen prinzipiell den Charakter unverbindlichen Handelns zuzuerkennen. Aus der äußeren Form des flüchtigen Kontakts ergibt sich noch nichts für die rechtliche Bewertung dieser Vereinbarungen. Entscheidend muß auch hier sein, ob sich Akttypen gesellschaftlichen Handelns feststellen lassen oder lediglich atypische Formen rechtsgeschäftlichen Handelns gegeben sind.

Die Vereinbarungen im familiären Bereich schließlich dienen ganz überwiegend gerade den Bedürfnissen der Familie, d. h. der tatsächlichen Ausgestaltung des Familienlebens, dem ehelichen Zusammenleben und der Kindererziehung. In diesen Fällen wird der angestrebte Erfolg gerade nicht durch die Verbindlichkeit der getroffenen Vereinbarung erzielt, sondern mit Hilfe der persönlichen Autorität und des persönlichen Entgegenkommens der Familienangehörigen. Die Familie bedarf vor allem als soziale Institution einer verbindlichen Ordnung. Das „Funktionieren" des Familienlebens ist dagegen verbindlichen Regelungen durch die Familienangehörigen weitgehend entzogen. Vereinbarungen in der Familie werden nicht um der Verbindlichkeit des geschlossenen Vertrages willen gehalten, sondern aus verschiedenartigen persönlichen Motiven, wie Angst, Sorge, Verantwortungsbewußtsein usw. Zu beachten werden jedoch die von der Rechtsordnung geregelten Fragenkreise des Familienrechts sein.

Die verschiedenen soziologischen Schichten sind durch spezifische „soziale Normen" geprägt. Die Verhaltensgrundsätze der einzelnen Funktionsbereiche werden von der Gesellschaft entwickelt und befolgt. Soweit sich typische Ausdrucksformen außerrechtlichen Verhaltens feststellen lassen, sind sie bei der rechtlichen Beurteilung der nicht rechtsgeschäftlichen Vereinbarung zu berücksichtigen. Sie sind nicht Rechtsnorm, sondern Material, das der rechtlichen Wertung zugrunde zu legen ist.

c) Die Vereinbarungen einzelner Gruppen des sozialen Verkehrs

Das von der Rechtsordnung über die rechtliche Qualität einer Vereinbarung zu fällende Werturteil kann an der sachlichen Eigenart der Abrede, die entscheidend von ihrem sozialen Verständnis geprägt ist, nicht vorübergehen. Eine rechtliche Beurteilung wird darüber hinaus aber die der Rechtsordnung inhärenten Ordnungsprinzipien zu beachten haben. Soll eine Vereinbarung rechtliche Bindungen in irgendeiner Form herbeiführen, darf sie mit dem Inhalt des positiv geregelten Rechts nicht in Konflikt geraten. Unter diesem doppelten Aspekt werden nunmehr einzelne, in Literatur und Rechtsprechung gewöhnlich als nicht rechtsgeschäftlich bezeichnete Vereinbarungen einer näheren Untersuchung zu unterziehen sein. Daß der Kreis der erörterten Fälle kein auch nur annähernd vollständiges Bild zu bieten vermag, ist ebenso selbstverständlich wie die Diskussionswürdigkeit der Ergebnisse. Nicht abschließende Resultate wurden angestrebt, sondern die Erprobung einer differenzierteren Methode für die rechtssystematische Erfassung nicht rechtsgeschäftlicher Vereinbarungen.

aa) Vereinbarungen zwischen Personen des gesellschaftlichen Verkehrs

Wenden wir uns zunächst den vielfachen Abreden des gesellschaftlichen Umgangs zu, so scheinen jene Vereinbarungen die geringsten Schwierigkeiten zu bereiten, die im Rahmen der Rechtsordnung irgendwie relevante Interessen kaum berühren und daher in der Literatur einhellig als nicht rechtsgeschäftlich bezeichnet werden. Das Versprechen einer Wallfahrt, einen Brief einzuwerfen, regelmäßig zu schreiben, englische Konversation zu treiben, zur Skatrunde zu erscheinen, mit jemandem spazieren zu gehen, auf einer Einladung Klavier zu spielen oder aber das Klavierspiel mit Rücksicht auf den Nachbarn zu unterlassen, die Reparatur des Elektroherdes durch den zufällig anwesenden Gast — dies alles sind Vorgänge, die unter der Schwelle rechtlicher Bedeutung zu liegen scheinen. Doch präzisieren wir die Frage nach der rechtlichen Relevanz derartiger Absprachen und erwägen die Möglichkeit primärer Leistungsansprüche zwischen den Vertragspartnern, so wird das Urteil differenzierter ausfallen. Richtig ist, daß Vereinbarungen, die typischer Ausdruck gesellschaftlicher Ungezwungenheit sind, solche Leistungsansprüche nicht hervorbringen können. Der soziale Sinn des gesellschaftlichen Verkehrs liegt in seiner Freiwilligkeit und Unverbindlichkeit. Allein unter Berücksichtigung dieser Maximen erfüllen ein gemeinsamer Spaziergang, die Skatrunde, das Versprechen, regelmäßig zu schreiben, den angestrebten Zweck. Anders ist die Rechtslage, wenn

II. Die Bewertung nicht rechtsgeschäftlicher Vereinbarungen

der Zweck der Vereinbarung darauf gerichtet ist, einem Vertragspartner die gesellschaftliche Unterhaltung als einseitigen Vorteil zu bieten. Die Abrede nimmt in diesem Fall Dienstleistungscharakter an. Der Vertragspartner ist „Gesellschafter", der gegenüber dem anderen eine Leistung zu erbringen hat. In dieser Situation, die allein durch den obwaltenden Zweck bestimmt ist und in der Regel, aber nicht notwendig die Vereinbarung eines Entgelts einschließen wird, können die Parteien einen Leistungsanspruch vorsehen. Die Rechtsordnung nimmt keinen Anstoß daran, wenn das gesellschaftliche Leben in die Form besonderer Dienstleistungen gekleidet wird. Unter dieser Voraussetzung kann etwa die Vereinbarung über das gemeinsame Klavierspiel Leistungsansprüche zur Entstehung bringen. Die Grenze verläuft allerdings dort, wo eine Betätigung im gesellschaftlichen Bereich nach der ihr immanenten Logik Dienstleistung nicht sein kann. Das gilt zum Beispiel für das Versprechen, regelmäßig zu schreiben, am Sonntag ins Schwimmbad zu kommen, aber auch für die Skatrunde und den Spaziergang, da sich die beteiligten Personen auf der unverbindlichen Ebene des gesellschaftlichen Verkehrs begegnen. Entscheidend ist das sich bei objektiver Betrachtung einem Dritten bietende Bild der Vereinbarung. Enthält es keine Anhaltspunkte für ein Dienstleistungsverhältnis, dann entspricht auch ein etwa gewollter Leistungsanspruch nicht dem sozialen Sinn des ganzen Vorganges. In anderen Fällen wird man die Möglichkeit primärer Leistungsansprüche deshalb verneinen müssen, weil die versprochene Leistung die höchstpersönliche Tätigkeit eines Vertragspartners nötig macht. Unsere Rechtsordnung sieht Ansprüche auf Leistungen, die über die bloße Erbringung von Diensten hinaus den Einsatz höchstpersönlicher Güter erfordern, nur in einigen Ausnahmefällen — z. B. in den §§ 1297 Abs. I und 1353 Abs. I BGB — vor. Den Kreis der gesetzlich geregelten Tatbestände zu erweitern, scheint kaum vertretbar. Leistungsansprüche auf Durchführung einer Wallfahrt oder einer Blutspende sind daher zu verneinen auch ohne das Instrument des § 138 BGB bemühen zu müssen. Die religiöse Einstellung einer Person und ihre körperliche Integrität sind in unserer Rechtsordnung grundsätzlich nicht Gegenstand von Rechten Dritter[26].

Für einige der oben erwähnten Vereinbarungen läßt sich dagegen die Möglichkeit primärer Leistungsansprüche nicht von der Hand weisen.

---

[26] Ähnlich schon Ernst *Eckstein*, Zur Lehre von der Nichtigkeit des Vertrages wegen Unsittlichkeit, a.a.O. S. 197 ff., der — ohne § 138 BGB zu bemühen — die Unwirksamkeit solcher Verträge annimmt, die „absolut unveräußerliche Rechtsgüter" zum Gegenstand haben. Freilich hat Eckstein dabei entschieden zu weit, wenn er zu diesen Rechtsgütern auch das „Recht der Betätigung der Persönlichkeit" zählt und auf diese Weise Verträgen über den Wohnsitz, den Konsum von Alkohol etc. schlechterdings jede Wirksamkeit abspricht. Insofern kommt es stets auf die sozialen Beziehungen an, in die der Vertrag hineingestellt ist.

Es handelt sich um Fälle, die zwar in den Umkreis des gesellschaftlichen und freundschaftlichen Verkehrs gehören, jedoch nicht als typischer Ausdruck des gesellschaftlichen Lebens bezeichnet werden können. Wenn der zufällig anwesende Gast den Elektroherd repariert, ein Bekannter verspricht, englische Konversation zu treiben oder einen Brief einzuwerfen, dann ist der gesellschaftliche Kontakt nur Anlaß dieser Vereinbarungen. Derartige Betätigungen dienen nicht dem gesellschaftlichen Verkehr im eigentlichen Sinn, sondern finden sich typischerweise gerade im rechtsgeschäftlichen Bereich. Sie werden von den Parteien aufgegriffen und in der gesellschaftlichen Sphäre realisiert. In solchen Situationen ist die Vereinbarung primärer Leistungspflichten zulässig, da unsere Rechtsordnung das rechtsgeschäftliche Handeln grundsätzlich nicht an eine bestimmte soziale Ebene bindet. Auch im gesellschaftlichen Leben sind Leistungspflichten möglich, und zwar immer dann, wenn die konkrete Vereinbarung nicht charakteristischer Ausdruck gesellschaftlichen Handelns ist, sondern Leistungen des rechtsgeschäftlichen Verkehrs vorsieht. In diesen Fällen ist auch das Gewicht der beteiligten Interessen zu beachten. Mit Rücksicht auf die mögliche Bedeutung der angestrebten Sprachkenntnisse oder des einzuwerfenden Briefes für den Leistungsempfänger kann die Rechtsordnung den Parteien die Vereinbarung von Leistungsansprüchen nicht verbieten. Unter diesem Gesichtspunkt ist auch Jherings Klavierspielerfall zu lösen. Zwar geht es hier nicht um eine Leistung, die üblicherweise im rechtsgeschäftlichen Verkehr zu erhalten ist. Doch liegt auch diese Vereinbarung völlig außerhalb der typischen gesellschaftlichen Kontakte. Allein aus diesem Grunde ist die Möglichkeit rechtlicher Bindung — in den Grenzen der §§ 134 und 138 BGB — zu bejahen.

Soweit der Vereinbarung von primären Leistungsansprüchen durch die Parteien keine rechtliche Bedeutung beigemessen werden kann, erhebt sich die Frage, ob nicht in einigen Fällen dem Vorleistenden ein nach Erbringung seiner Leistung entstehender Anspruch auf die Gegenleistung zuzubilligen ist. Ohne Einschränkung wird man einen solchen Anspruch Personen zugestehen müssen, die sich einer Blutspende unterzogen haben. Die Parteien vereinbaren häufig als Gegenleistung eine Vergütung, die für den Blutspender nicht selten der eigentliche Grund des Vertragsschlusses ist und abredegemäß erst nach Durchführung der Blutspende gefordert werden kann. Gegen die Wirksamkeit eines solchen Vertrages ist von Rechts wegen nichts einzuwenden. Dieser Grundsatz muß auch für das Versprechen einer Wallfahrt gelten, wenngleich hier bei Vereinbarung einer Vergütung der Hinweis auf die Sittenwidrigkeit der Absprache naheliegt. Ohne die Frage der Sittenwidrigkeit entscheiden zu wollen, kann aber festgestellt werden, daß Vertragsgestaltungen, die wegen des höchstpersönlichen Charakters der

II. Die Bewertung nicht rechtsgeschäftlicher Vereinbarungen

von einer Partei zu erbringenden Leistung die Anerkennung primärer Leistungsansprüche nicht zulassen, einen Anspruch auf die Vergütung nach erfolgter Vorleistung vorsehen können. Zur weiteren Illustration mag noch der Vertrag mit einer Gesundbeterin dienen. Bei der Art der zu erbringenden Leistung ist die Vereinbarung primärer Leistungsansprüche ausgeschlossen. Die Vorleistende kann aber einen Anspruch auf das Entgelt haben. Die Rechtsordnung verbietet Verträge mit unvernünftigem Inhalt nicht. Sie läßt aber Ansprüche auf Leistungen höchstpersönlicher Art nur in engen, nicht erweiterungsfähigen Grenzen zu.

Die Frage, ob die Parteien eine Vergütung vereinbaren können, wenn primäre Leistungsansprüche nicht möglich sind, läßt sich also nicht generell verneinen. Es ist jeweils zu unterscheiden, aus welchem Grund die Vereinbarung primärer Leistungsansprüche von der Rechtsordnung nicht sanktioniert werden kann. Steht nur der höchstpersönliche Charakter der Leistung entgegen, dann ist nicht einzusehen, warum bei freiwilliger Vorleistung ein Vergütungsanspruch nicht entstehen soll. Handelt es sich dagegen um unverbindliche Abreden des gesellschaftlichen Verkehrs, können Vergütungsansprüche zu keinem Zeitpunkt zur Entstehung gebracht werden. Die soziale Wirklichkeit ist maßgebend für die rechtliche Beurteilung. Sie wird durch die bloße Vereinbarung einer Vergütung nicht verändert. Doch ist eine solche Abrede häufig ein sicheres Indiz für das Vorliegen eines Dienstleistungsverhältnisses, also eines Vertrages, der nicht dem gesellschaftlichen Leben, sondern der Sphäre beruflicher Tätigkeiten angehört.

Nicht ohne Interesse ist die weitere Frage, welche rechtlichen Konsequenzen sich ergeben sollen, wenn trotz Nichtigkeit eines von den Parteien vereinbarten Vergütungsanspruchs die Vergütung tatsächlich gezahlt wurde. Würde man den Vertrag als Ganzes für nichtig halten, wären die gleichen Rechtsfolgen festzustellen wie in den Fällen der §§ 134, 138 BGB. Der Empfänger der Vergütung wäre einem Kondiktionsanspruch gem. § 812 Abs. 1 S. 1 BGB ausgesetzt. Diese Lösung vermag nicht zu überzeugen. Es ist kein Grund dafür erkennbar, die Vereinbarung in ihrem ganzen Umfang für unwirksam zu erklären. Was die Rechtsordnung verbietet, ist unter bestimmten Voraussetzungen die Erzeugung rechtsverbindlicher Leistungsansprüche. Die Vertragspartner können die Leistung nicht fordern. Wird aber die Leistung dennoch erbracht, so erfolgt sie nicht sine causa, sondern auf Grund einer Absprache, die nur in einem bestimmten Punkt unwirksam, im übrigen aber rechtmäßig ist. Gegen das Versprechen, rechtzeitig zur Skatrunde zu kommen, erhebt die Rechtsordnung ebensowenig Einwendungen wie gegen die Zahlung einer Vergütung für die Einhaltung des Versprechens. Nur ein Anspruch auf eine derartige Vergütung kann nicht vereinbart werden. Es wäre eine sinnlose, mit der Wirklichkeit und dem positiven Recht nicht harmonisierende Konstruktion, die Gesetzwidrigkeit der ganzen Absprache postulieren zu wollen. Das Recht interessiert sich für derartige Verträge wenig, aber es verbietet sie mitnichten. Wer also wegen eines im gesellschaftlichen Verkehr abgegebenen Versprechens leistet ohne dazu verpflichtet zu sein, leistet mit Rechtsgrund. Die Rückforderung der gezahlten Vergütung ist nicht möglich. Dieses Ergebnis deckt sich nicht nur mit dem Grundgedanken des § 516 BGB, es entspricht auch völlig der Auslegung, den der Begriff des Rechtsgrundes in § 812 BGB durch die herrschende Meinung erfahren hat[27]. Schlecht fügt sich in dieses Bild die herkömmliche Lehre vom Rechtsfolgewillen. Haben die Parteien die Fähigkeit, ihre Abrede in einen außerrechtlichen Raum zu stellen, kann die Rechtsordnung ein derartiges Gebilde nicht als Rechtsgrund einer empfangenen Leistung anerkennen.

Die Parteien können ihre Abrede schließlich in der Weise modifizieren, daß sie unter Ausschluß von Leistungsansprüchen einer Partei einen Anspruch auf Aufwendungsersatz zuerkennen. Handelt es sich um Verträge, die primäre Leistungsansprüche enthalten können, entstehen für die rechtliche Beurteilung keine besonderen Probleme. Wo eine Vergütung vereinbart werden kann, ist auch als rechtliches Minus ein Anspruch auf Aufwendungsersatz möglich. Ebenso sind jene Verträge zu behandeln, die einen Leistungsanspruch nach erbrachter Vorleistung gewähren. In ihrer rechtstechnischen Ausgestaltung ähneln sie ohnehin jenen Abreden, mit denen Aufwendungsersatz vereinbart wird. Aber was soll gelten, wenn dem Skat- oder Brieffreund der Ersatz seiner Aufwendungen versprochen wird? Von unserem methodischen Ansatz aus können wir einen Vertrag nicht a priori als rechtserheblich oder außerrechtlich qualifizieren und also aus einer solchen Bewertung auch keinerlei Schlüsse ziehen. Vielmehr ist danach zu fragen, welches Urteil die Rechtsordnung unter Berücksichtigung der sozialen Gegebenheiten über den Versuch, in einer konkreten Situation Ansprüche auf Aufwendungsersatz zu begründen, fällt. Entscheidend ist dabei die Vereinbarkeit solcher Ansprüche mit den grundlegenden Maximen des gesellschaftlichen Verkehrs. Seine Unverbindlichkeit und Freiwilligkeit schließen die Existenz von Leistungsansprüchen aus. Ob dieser Schluß auch für den Anspruch auf Aufwendungsersatz zu ziehen ist, scheint jedoch sehr fraglich. Die Parteien können sich keine Pflichten auferlegen, die das gesellschaftliche Handeln selbst betreffen. Eine Verein-

---

[27] Rechtsgrund einer Leistung kann nach ganz h. L. auch eine „Gefälligkeit, sittliche Pflicht, Anstandsrücksicht und jeder sonstige vereinbarte Zweck" sein (vgl. *Ermann-Seiler*, Anm. 5 A zu § 812); *Staudinger-Seufert* Rd.-Nr. 17 zu § 812; RG WarnRspr. 1910 Nr. 17; JW 1917, S. 104; OLG Naumburg, Das Recht 1911 Nr. 717.

II. Die Bewertung nicht rechtsgeschäftlicher Vereinbarungen

barung über die entstehenden Aufwendungen berührt das gesellschaftliche Leben aber nur mittelbar. Es ist Anlaß für Auswirkungen im wirtschaftlichen, vermögensrechtlichen Lebensbereich einer beteiligten Person. Daß diese rein wirtschaftlichen Interessen nicht zum Gegenstand eines Vertrages gemacht werden können, leuchtet kaum ein. Zudem lassen sich in den meisten Fällen die eigentlich gesellschaftliche Abrede und das Versprechen, Aufwendungsersatz zu leisten, ohne Schwierigkeiten trennen. Es handelt sich um ein konkretes Leistungsversprechen, in seinem Umfang bestimmt durch die begleitende gesellschaftliche Abrede. Zu beantworten ist damit nur noch die Frage, wie sich dieser Vertrag in die Systematik des BGB einfügen läßt. Das Gesetz regelt in § 780 BGB nur das „selbständige" Schuldversprechen, weil dem Gesetzgeber nur dieses regelungsbedürftig erschien. Da der Vertrag nach § 780 BGB die causa der Verpflichtung nicht aufnimmt, sollten mit dem Erfordernis der Schriftform objektive Anhaltspunkte für die Feststellung des Parteiwillens geschaffen werden. Daneben sind die Parteien aber nach dem Grundsatz der Vertragsfreiheit in der Lage, in den von den §§ 134 und 138 BGB bezeichneten Grenzen jeden Zweck zum Verpflichtungsgrund zu erheben. In diesen Fällen konkreter Leistungsversprechen ist die Form des § 780 BGB nicht vorgeschrieben[28]. Es wäre also unrichtig, aus der Unverbindlichkeit der zu Grunde liegenden gesellschaftlichen Abrede die Notwendigkeit eines Schuldversprechens nach § 780 BGB erschließen zu wollen. Vielmehr ist die Frage zu stellen, ob der durch das gesellschaftliche Handeln bestimmte Zweck der Vereinbarung als causa eines Leistungsversprechens ausreicht, wenn dieses Leistungsversprechen selbst an der Eigenart des gesellschaftlichen Verkehrs nicht zu scheitern braucht. Die Frage ist vorbehaltlos zu bejahen. Soweit die Verpflichtung mit Rücksicht auf die soziale Wirklichkeit nicht ungültig ist, respektiert die Rechtsordnung den von den Parteien vereinbarten Zweck. In der Auswahl der causa sind die Parteien nicht beschränkt.

Wenden wir uns nunmehr solchen Vereinbarungen zu, die für den Leistenden notwendig mit einem begrenzten finanziellen Aufwand verbunden sind, so zeigt es sich, daß die bisher erörterten Gesichtspunkte auch insoweit angemessene Lösungen ermöglichen. Die Überlegung, daß gesellschaftliche Beziehungen causa eines Leistungsversprechens sein können, gilt generell. Verspricht jemand seinem Freund, hundert Mark für einen wohltätigen Zweck zu spenden, so wird zwar häufig der Wille, einen Leistungsanspruch zu begründen, fehlen. Aber es kann kein Zweifel daran bestehen, daß die Parteien einen solchen Anspruch

---

[28] Vgl. dazu *Staudinger* a.a.O. Vorbem. 3 zu § 780. Friedrich *Kübler*, Feststellung und Garantie, Tübingen 1967; dazu Hans-Martin *Pawlowski* in JZ 1968, S. 401 ff.

begründen können. Unproblematisch in ihrer rechtlichen Bewertung sind auch die Schenkungen im gesellschaftlichen Verkehr. Dieser soziale Hintergrund derartiger Vorgänge ist geradezu typisch für das Rechtsgeschäft Schenkung im Sinne des § 516 BGB. Es ist daher ausgeschlossen, den Anwendungsbereich der §§ 516 ff. BGB mit dem Hinweis auf den gesellschaftlichen Charakter des Vertrages zu beschränken. Der Gesetzgeber hat diese Eigenart der Schenkung schon weitgehend berücksichtigt, wie die Vorschriften der §§ 521, 528, 530 BGB und nicht zuletzt die Ausgestaltung des Rechtsgeschäfts als Realvertrag zeigen[29]. Nicht selten wird aber unter befreundeten Personen auch die Haftung für grobe Fahrlässigkeit ausgeschlossen sein. Wenig Schwierigkeiten bietet vor dem Hintergrund der bisher erarbeiteten Lösungen auch die gesellschaftliche Einladung. Sie ist auch bei größerem wirtschaftlichen Aufwand typischer Ausdruck unverbindlichen gesellschaftlichen Handelns, das die Vereinbarung von Leistungsansprüchen nicht erlaubt. Ebenso ausgeschlossen ist die Vereinbarung einer Vergütung. Die oben angestellten Überlegungen zur Rückforderung tatsächlich gezahlter Vergütungen und zur Begründung von Ansprüchen auf Aufwendungsersatz gelten auch hier. In ähnlicher Weise sind auch modifizierte Fälle, wie die Einladung zur Treibjagd oder zu einem Besuch in einer anderen Stadt, zu behandeln.

Schwieriger ist eine Antwort auf die Frage nach den gesetzlichen Grenzen der Vertragsfreiheit dort, wo im gesellschaftlichen Leben gemeinschaftliche Unternehmungen abgesprochen und durchgeführt werden. Während bei der Einladung im Regelfall ein einseitiges, rechtlich irrelevantes Leistungsversprechen vorliegt, sind daneben Fallgestaltungen möglich, die ein Zusammenwirken beider Parteien erfordern. Derartige Vereinbarungen können gesellschaftsähnliche Züge im Sinne der §§ 705 ff. BGB annehmen und zeichnen sich daher durch ein höheres Maß an Regelungsbedürftigkeit aus. Dabei kann der verfolgte Zweck durchaus im Rahmen rein gesellschaftlicher Kontakte bleiben. Die Parteien können vereinbaren, zu einem Bierabend in einer Gaststätte zusammenzutreffen, sie können für diesen Zweck die Vorbestellung mehrerer Kästen Bier beschließen, darüber hinaus auch eine Tanzkapelle engagieren, einen Saal mieten usw. Der gesellschaftliche Zweck des Vorhabens bleibt immer der gleiche, die rechtliche Beurteilung wird dagegen verschieden ausfallen müssen. Als Grundlage einer differenzierten Betrachtung können nur die von den Parteien berührten Interessen — nicht als unveränderliche Größen, sondern in ihrer soziologischen Typizität — dienen. Der Hinweis auf die wirtschaftlichen Folgen der Vereinbarung hilft nur wenig weiter, da dieser Gesichtspunkt auch

---

[29] Vgl. Gustav *Boehmer*, Realverträge im heutigen Rechte, in: Archiv f. bürgerl. R. 38, 1913, S. 314—334, 327.

für viele spezifische Verhaltensweisen des gesellschaftlichen Verkehrs charakteristisch ist. Er gilt für das gemeinschaftliche Biertrinken ebenso wie für die Miete eines Raumes. Dagegen kann man wohl unterscheiden zwischen jenen Interessen der Parteien, die mit einem konkreten gesellschaftlichen Verhalten typischerweise verflochten sind und anderen, auf die diese Voraussetzung nicht zutrifft. Die Vereinbarung einer gemeinschaftlichen Geselligkeit bringt den Aufwand für Speisen und Getränke, zweckentsprechende Kleidung, Eintrittsgelder u. ä. gewöhnlich mit sich. Solange die Abrede in diesen Grenzen bleibt, ist der Grundsatz zu beachten, daß ein Handeln im gesellschaftlich-freundschaftlichen Bereich mit der Begründung von Leistungspflichten nicht vereinbar ist. Sind dagegen Maßnahmen vorgesehen, die über den typischen Aufwand gesellschaftlicher Verhaltensformen hinausgehen, steht der Vereinbarung eines Rechtsverhältnisses gem. § 705 BGB nichts entgegen. Die sich aus der Anstellung einer Tanzkapelle, der Miete eines Saales und ähnlichen Maßnahmen ergebenden Folgen tangieren ein qualifiziertes, durch den gesellschaftlichen Verkehr nicht gedecktes wirtschaftliches Interesse der Parteien, das dem Schutz der Rechtsordnung zugänglich ist. Nach den gleichen Überlegungen ist der problematische Fall der gemeinsamen Reise zu lösen. Der gemeinsame Sonntagsausflug zweier Familien und die damit verbundenen Aufwendungen bleiben im Rahmen typisch unverbindlichen Handelns. Die Begründung gegenseitiger Leistungsansprüche ist ausgeschlossen. Geht der wirtschaftliche Aufwand aber nach Art und Maß über die für das gesellschaftliche Leben üblichen Gepflogenheiten hinaus, werden auch rechtserhebliche Interessen berührt, die von den Parteien zum Gegenstand einer gesellschaftsrechtlichen Regelung gemacht werden können. Das wird man wohl immer annehmen können, wenn Übernachtungen vorgesehen und aus diesem Grunde Hotelzimmer reserviert, teure Ausrüstungsgegenstände angeschafft und ähnliche Vorbereitungen im Hinblick auf die nur gemeinsam gewollte Fahrt getroffen werden.

Von erheblicher Bedeutung sind im gesellschaftlichen Verkehr auch Vereinbarungen, die eine zeitlich begrenzte Sachnutzung durch den Leistungsempfänger vorsehen. Einem Bekannten wird ein Buch zum Lesen überlassen, der Nachbarin der Staubsauger, dem Grundstücksnachbarn gestattet jemand zeitweilig die Durchfahrt durch das eigene Grundstück, ein Saal oder Geländestück darf von einem Verein für eine Veranstaltung „gefälligkeitshalber" benutzt werden. Die Frage, ob der gesellschaftliche Rahmen solcher Verträge der Vereinbarung primärer Leistungsansprüche entgegensteht, ist zunächst nicht schwer zu beantworten. Es handelt sich keinesfalls um Vorgänge, die als charakteristischer Ausdruck gesellschaftlich-freundschaftlicher Beziehungen angesehen werden können. Die gesellschaftlichen Gegebenheiten sind nicht mehr als der äußere Anlaß des Vertragsschlusses. Die Parteien können also ihre Beziehungen unter Ausschöpfung aller von der Rechtsordnung zur Verfügung gestellten Möglichkeiten regeln. Problematisch ist in diesen Fällen dagegen, ob die Parteien einen Leihvertrag im Sinne des Gesetzes schließen. Die Literatur geht im Einklang mit der Lehre vom Rechtsfolgewillen allgemein davon aus, daß die Parteien Gebrauchsüberlassungsverträge als tatsächliche Verhältnisse ausgestalten können[30]. Wir haben schon darauf hingewiesen, daß diese Kon-

---

[30] Die Vorstellung, neben dem Leihvertrag gebe es faktische Gebrauchsüberlassungen, ist eine der absonderlichsten Früchte des „Instituts" Gefälligkeitsverhältnis. Die einschlägigen Äußerungen in der Kommentarliteratur verraten denn auch ein nicht geringes Maß an Unsicherheit in der Beurteilung dieser abnormen Vertragsfiguren. *Ermann-Wagner* meint in Anm. 1c zu § 598, um „reine Gefälligkeiten außerhalb der Vertragssphäre..., bei denen niemand an rechtliche Bindung denkt", handele es sich z. B. bei der Überlassung des Fahrplanes an einen Mitreisenden oder bei der Freigabe eines Saales zur öffentlichen Benutzung und fährt dann fort: „Sonst aber werden sich solche Verhältnisse nach §§ 157, 242 irgendwie rechtlich einordnen lassen, mag das auch mitunter schwierig sein." Ein Rückgriff auf die genannten Bestimmungen und die Erfindung eines besonderen Gebrauchsüberlassungsvertrages außerhalb der Rechtsordnung ist aber methodisch nicht zulässig, solange der Typus des Leihevertrages in einer seiner Varianten die konkrete Vereinbarung deckt. Daß „niemand an rechtliche Bindung denkt", kann nur den Ausschluß der den Verleiher gem. § 598 BGB an sich treffenden Leistungspflicht bedeuten. Die weitere Behauptung, eine Hausfrau könne die versprochene Leihe ihrer Waschmaschine an die Nachbarin widerrufen, verführt zu der absurden Vorstellung, unter Hausfrauen sei der Abschluß bindender Leihverträge nicht möglich. Was aus Gefälligkeit geschieht, ist deswegen nicht ein rechtliches Nichts. Die Leistungspflicht mag vereinbart sein oder nicht — die Gebrauchsüberlassung ist von einer den Sachbesitz des Entleihers rechtfertigenden Zweckvereinbarung begleitet. Darin aber liegt das Wesen des Leihvertrages. Mit Recht sagt *Esser*, Schuldrecht, 3. Aufl., II S. 136: „Meist wird... mit der Hingabe der Sache erst der Vertrag zustandekommen (Handleihe entsprechend Handschenkung)." Wenig verständlich sind jedoch die folgenden Ausführungen Essers a.a.O. S. 137; „Die große Menge der alltäglichen unentgeltlichen Überlassungen sind reine Gefälligkeitshandlungen ohne Verpflichtungswillen. Zwischen ihnen und den entgeltlichen Gebrauchsüberlassungen... bleibt ein relativ schmaler Bereich für echt altruistische rechtsgeschäftliche Überlassung." Schon diese letztere Feststellung ist geeignet, Zweifel an der Zulässigkeit eines der Leihe entsprechenden Gefälligkeitsverhältnisses zu wecken. Bemerkenswert ist jedoch angesichts der zugestandenen Bedeutung realer Leihverträge die Aussage, vielen alltäglichen unentgeltlichen Überlassungen fehle als reinen Gefälligkeitshandlungen der Verpflichtungswille. Damit kann nur gemeint sein, daß durch den Willen der gesamte Vertrag in die Sphäre des rein Faktischen versetzt werden soll. Damit wird zugleich behauptet — und darin scheint mir die unerträglichste Konsequenz der ganzen Theorie von der faktischen Gebrauchsüberlassung zu liegen —, daß die Parteien auch eine vertragliche Verpflichtung zur Rückgabe der Sache durch den Entleiher nicht begründen wollten. In aller Regel wird das Gegenteil der Fall sein. — Bei *Soergel-Siebert*, Rd. Nr. 3 vor § 598, findet sich der Hinweis: „Kann die Benutzungsdauer nicht willkürlich abgekürzt werden, so spricht das für Leihe..." und gegen eine Gebrauchsüberlassung aus Gefälligkeit. Wie wenig tauglich solche Abgrenzungskriterien für zwei Erscheinungen sind, die sich nicht trennen lassen, zeigt § 604 Abs. 3 BGB. Bei Soergel-Siebert a.a.O. wird auch eine

II. Die Bewertung nicht rechtsgeschäftlicher Vereinbarungen 75

struktion dem tatsächlichen Willen der Vertragsschließenden nicht entspricht[31]. Die Rechtmäßigkeit der Sachnutzung ist das nicht zu leugnende Kernstück der Abrede. Worin nun der grundsätzliche Unterschied gegenüber dem Leihvertrag der §§ 598 ff. BGB liegen soll, ist schwer einzusehen. Leihverträge im gesellschaftlichen Verkehr werden sich von der gesetzlichen Regelung nur in der Derogation einzelner Vorschriften und durch den Ausschluß der den Verleiher gem. § 598 BGB vor Übergabe der Sache treffenden Pflicht, den Sachgebrauch zu gestatten, unterscheiden. So wird häufig die in § 599 BGB vorgesehene Haftung des Verleihers für grobe Fahrlässigkeit, aber auch die Kostentragung durch den Entleiher gem. § 601 Abs. 1 BGB nicht gewollt sein. Dagegen entsprechen etwa die §§ 602, 603 und insbesondere 604 Abs. 3 BGB völlig der Interessenlage auch „gesellschaftlicher" Leihverträge. Andere Bestimmungen, wie etwa § 600 BGB, enthalten zwingendes Recht, dessen Anwendbarkeit nicht am Willen der Parteien scheitern kann. Ein nur „tatsächliches" Leihverhältnis, das nicht selten zu einer „entsprechenden" Anwendung der gesetzlichen Vorschriften nötigen wird, gibt es nicht, weil im sozialen Verkehr — von der Derogation einzelner Vorschriften durch die Parteien abgesehen — nur ein Akttyp „Leihe" existiert und dieser im BGB eine Regelung gefunden hat. Von einer

---

Schwierigkeit erwähnt, welche die h. L. zu beseitigen scheint. Bei kurzfristigen Überlassungen können Zweifel entstehen, ob der Entleiher wirklich die tatsächliche Sachherrschaft erlangt. Ist das im Einzelfall zu verneinen, kann von einem Leihvertrag selbstverständlich keine Rede sein, da eine Einigung über die causa — nicht vollzogener — Gebrauchsüberlassung überflüssig ist. Wer in das Kursbuch des Mitreisenden nur hineinschaut, ohne es selbst in die Hand zu nehmen, schließt keinen Leihvertrag. Aber wenn vom Entleiher die tatsächliche Sachherrschaft — und sei es nur kurzfristig — ausgeübt wird, fehlt in der Regel jeder Anhaltspunkt für die Behauptung eines Besitzdienerverhältnisses gem. § 855 BGB (so aber Soergel-Siebert a.a.O.). Das für die Anwendung des § 855 BGB erforderliche soziale Abhängigkeitsverhältnis hat mit der Eigenart eines Gefälligkeitsaktes überhaupt nichts zu tun. Wie verfahren die h. L. ist, wird schließlich bei *Staudinger-Riedel*, Vorbem. 3 vor § 598, offenbar, wo davon die Rede ist, der Begünstigte solle bei einer gefälligkeitshalber erfolgten Gebrauchsüberlassung keinen Besitz, sondern „nur eine vorübergehende Innehabung, die auch sofort widerruflich sein soll, erhalten". Etwas zweifelnd wird hinzugefügt, § 855 „wird man anwenden können". Eine Form der Sachherrschaft zwischen Besitz und Besitzdienerschaft kennt unsere Rechtsordnung nicht. Das Zwittergebilde „vorübergehende Innehabung" gehört zu jenem verbreiteten Wildwuchs, den die völlig überflüssige Konstruktion des Gefälligkeitsverhältnisses mit sich gebracht hat.

[31] Vgl. oben S. 49. Diesen Umstand hat das OLG Karlsruhe (Freiburg) NJW 1961, S. 1866 f. verkannt, als es die gefälligkeitshalber erfolgte Überlassung eines Raumes in einer im Umbau befindlichen Gastwirtschaft an eine Geburtstagsgesellschaft als einen reinen Gefälligkeitsakt ohne rechtsgeschäftliche Bedeutung ansah. Zwischen den Parteien lag ohne Zweifel eine Abrede über den Rechtsgrund der Raumüberlassung vor. Der Entscheidung wird jedoch im Ergebnis zuzustimmen sein, weil das schadenstiftende Ereignis nur in mittelbarem Zusammenhang mit der Raumüberlassung stand (vgl. S. 1868).

entsprechenden Anwendung der §§ 598 ff. oder auch 535 ff. BGB kann nur dort die Rede sein, wo eine Vereinbarung nach ihrem Zweck oder der Ausgestaltung des Anspruchsgefüges als atypisch zu bezeichnen ist. Die gegenüber dem Nachbarn ausgesprochene Erlaubnis, das eigene Grundstück zu befahren, wird der entsprechenden Heranziehung verschiedener gesetzlicher Vorschriften bedürfen. Daß es sich aber um einen Vertrag handelt, der Leistungsansprüche vorsehen kann, immer aber ein Minimum rechtlicher Abreden enthält, sollte nicht bezweifelt werden.

Die bisher erörterten Beispiele einzelner Vereinbarungen des gesellschaftlichen Verkehrs mögen zur Demonstration einer an den sachlogischen Gegebenheiten orientierten rechtlichen Bewertung genügen. Andere Fälle werden sich an Hand der entwickelten Kriterien in ähnlicher Weise lösen lassen, wenn man nur konsequent darauf verzichtet, einen eigenen, außerrechtlichen Vertragstyp „Gefälligkeitsverhältnis" zu konstruieren.

bb) Vereinbarungen im Rahmen zufälliger Begegnungen

Eine weitere, viel erörterte Gruppe nicht rechtsgeschäftlicher Vereinbarungen verschiedener Art ist durch den vorübergehenden und zufälligen Charakter der aufgenommenen Beziehungen gekennzeichnet. Man spricht gerne von den „Gefälligkeiten des täglichen Lebens", die einer rechtsgeschäftlichen Regelung nicht zugänglich seien, ohne die fraglichen Abreden weiter zu unterscheiden. Als gemeinsame Merkmale derartiger Zufallsbegegnungen haben wir die Befriedigung plötzlich auftretender Bedürfnisse und die damit in Zusammenhang stehende, durch den Zufall bestimmte Auswahl des in der Regel nicht berufsmäßig leistenden Vertragspartners genannt. Eine Untersuchung des Fallmaterials läßt im wesentlichen zwei Vertragstypen erkennen. Häufig geht es bei derartigen Vereinbarungen darum, einem Vertragspartner die Benutzung einer Sache zu ermöglichen. Die Überlassung des Opernglases, des Kursbuches und ähnlicher Gegenstände haben wir schon mehrfach erwähnt. Andere hierher gehörende Fälle sind etwa die Erlaubnis, eine Sache zeitweilig auf einem fremden Grundstück niederzulegen oder selbst das Grundstück zum Schutz vor einem Unwetter zu betreten, die Aushilfe mit Handwerkszeug bei einer Autopanne oder die Benutzung eines fremden Kugelschreibers auf einem Postamt. Die meisten auf zufälligen Kontakten beruhenden Vereinbarungen haben jedoch dienstleistungsähnlichen Charakter. Das gilt etwa für die von Straßenpassanten erbetene Auskunft über die richtige Uhrzeit oder die Lage einer Straße, die Bitte um Feuer, die beim Verlassen der Straßenbahn oder beim Tragen eines Koffers geleistete Hilfe, aber auch die Ge-

II. Die Bewertung nicht rechtsgeschäftlicher Vereinbarungen 77

fälligkeitsfahrt oder den Transport eines Unfallverletzten in das nächstgelegene Krankenhaus durch einen zufällig anwesenden Kraftfahrer. Die unübersehbare Vielfalt der Fallgestaltungen kann Interessen verschiedener Grade umfassen, ohne daß sie sich in der äußeren Form der Vereinbarung widerspiegeln werden. Es ist zu einfach, aus dem nur wenig entwickelten Gespräch der Parteien über ihre vertraglichen Beziehungen kurzerhand den Schluß zu ziehen, Abreden rechtlich relevanten Inhalts seien überhaupt ausgeschlossen. Die Parteien werden sich nicht oft das Recht zugestehen, die Leistung zu fordern. Doch die einzige rechtsdogmatisch interessante Frage ist, ob wir es hier mit Verträgen zu tun haben, die sich einer solchen Ausgestaltung des rechtlichen Anspruchsgefüges überhaupt entziehen.

Verträge, die einem Dritten vorübergehend die Nutzung einer Sache einräumen, haben uns bereits mehrfach beschäftigt. Wir können davon ausgehen, daß Vereinbarungen dieser Art immer den spezifisch rechtlichen Sinn haben, dem Leistungsempfänger eine Sache cum causa zur Verfügung zu stellen. Ferner läßt sich auch hier, nicht anders als bei den Gebrauchsüberlassungen des gesellschaftlichen Verkehrs, das Vorliegen echter Leihverträge in der Regel nicht leugnen. Für die Leihe des Opernglases, des Kursbuches und ähnlicher Gegenstände ist daher ebenso wie für die Gebrauchsüberlassungsverträge unter Nachbarn der gesellschaftliche Rahmen der Vereinbarung ohne grundsätzliche Bedeutung. Er ist lediglich Anhaltspunkt für die Derogation gesetzlicher Vorschriften und für den Verzicht auf einen Leistungsanspruch. Es hat also keinen Sinn, die typische Unverbindlichkeit von Vorgängen zu behaupten, deren Vollzug durch die Parteien notwendig rechtliche Elemente enthält. Die gleichen Überlegungen gelten auch hier für die atypischen Gestaltungen, etwa die Erlaubnis, unter ein fremdes Regendach zu treten oder in anderer Weise ein fremdes Grundstück vorübergehend zu benutzen.

Schwieriger ist die Beurteilung der so häufigen dienstleistungsähnlichen Vereinbarungen. Hier haben sich in der Tat eigentümliche Formen zufallsbedingter menschlicher Kontakte entwickelt, die nicht anders denn als charakteristischer Ausdruck gesellschaftlicher Beziehungen zu verstehen sind. Die an Straßenpassanten gerichtete Bitte um eine Auskunft, um Feuer, die beim Aussteigen aus einem öffentlichen Verkehrsmittel geleistete Hilfe oder die von einem Reisenden ausgesprochene Bitte, ihn bei einer bestimmten Station zu wecken, sind Akttypen gesellschaftlichen Handelns. Entscheidend ist bei derartigen Vorgängen nicht der mangelnde Wille der Parteien, eine rechtliche Bindung einzugehen, sondern die einem in typischer Weise sich wiederholenden Handeln nach der im Verkehr herrschenden Überzeugung innewohnende Unverbindlichkeit. Diese, bestimmten Verhaltensweisen innewohnende Eigenart beruht nicht zuletzt auch darauf, daß — ähnlich wie bei der gesellschaftlichen Einladung oder der Skatrunde — entsprechende Verträge im rechtsgeschäftlichen Bereich fehlen. Die Parteien können in den genannten Fällen also weder Leistungsansprüche noch einen besonderen Anspruch auf Vergütung begründen. Freilich gelten auch hier die für rein gesellschaftliche Verhaltensweisen erarbeiteten Grundsätze. Die einmal gezahlte Vergütung kann nicht zurückgefordert werden, weil sie nicht sine causa geleistet wurde. Die Abrede ist Rechtsgrund der erbrachten Leistungen.

Die Beobachtung, daß sich im gesellschaftlichen Verkehr gewisse typische Verhaltensformen herausgebildet haben, denen gemeinhin Unverbindlichkeit zugesprochen wird, läßt sich nun auch für einige Vereinbarungen machen, die Rechtsprechung und Literatur in starkem Maße beschäftigt haben. Insbesondere die Gefälligkeitsfahrt, aber z. B. auch die beim Koffertragen geleistete Hilfe läßt sich als ein typischer Akt des gesellschaftlichen Verkehrs beschreiben. Die Typizität der begleitenden Umstände hat in diesen Fällen ein ebenso hohes Maß erreicht wie ihre einverständliche Beurteilung im Verkehr. Wollte man daher die Gefälligkeitsfahrt oder die beim Transport des Gepäcks geleistete Hilfe der Unverbindlichkeit gesellschaftlichen Handelns zuordnen, würde sich allerdings sehr bald die den Parteien nicht zu nehmende Möglichkeit erweisen, ein Recht auf die vereinbarte Leistung zu begründen. Die fraglichen Verträge befriedigen genuine wirtschaftliche Bedürfnisse, die oft genug Gegenstand verpflichtender Verträge sind. Es ist nicht zu bezweifeln, daß der Leistungsempfänger den von der Leistung erwarteten Erfolg auch durch rechtsgeschäftliches Handeln erreichen kann, wenn er einen Vertrag mit dem Gepäckträger oder einem Personenbeförderungsunternehmen abschließt. Der Einwand, daß unter diesen Umständen der gesellschaftliche Rahmen der Vereinbarung gerade fehle, kann nicht überzeugen. Der Gesetzgeber hat die einzelnen Rechtsgeschäfte nicht als Gestaltungsmittel einer konkreten sozialen Umwelt geregelt, sondern ihre Realisierung allen denkbaren Personengruppen überlassen. Ebensowenig wie der in gesellschaftlichem Rahmen geschlossene Kaufvertrag aus diesem Grunde irgendwelcher Rechtswirkungen entbehren muß, kann es den Partnern einer Gefälligkeitsfahrt[32] — d. h. also: eines Beförderungsvertrages — untersagt sein, einen Anspruch des Leistungsempfängers zu begründen, an der Fahrt bis zu einem bestimmten Ort teilzunehmen. Gewiß handelt es sich dann bereits um eine atypische Vertragsgestaltung, die nicht mehr den üblichen Gepflogenheiten entspricht. Doch hat es wenig Sinn, das Phänomen Gefälligkeitsfahrt als einen Akttyp gesellschaftlichen

---

[32] Der nichtssagende Terminus ist in der Literatur eingeführt und soll daher zur Erleichterung des Verständnisses beibehalten werden.

II. Die Bewertung nicht rechtsgeschäftlicher Vereinbarungen

Handelns zu interpretieren, der für die Vereinbarung von Leistungsansprüchen keinen Raum bietet, andererseits aber festzustellen, daß eben dieser Handlungstypus allein durch das jeweilige Verhalten der Parteien definierbar ist. Indem die Vertragspartner in ihre Abrede Elemente rechtlichen Handelns aufnehmen — das kann z. B. auch durch das Versprechen der Mitnahme im PKW vor Antritt der Reise geschehen — verliert die Vereinbarung die Physiognomie eines bestimmten gesellschaftlichen Aktes. Zwar handelt es sich noch um eine Vereinbarung im Bereich des gesellschaftlichen Lebens, doch stellt sie sich nicht mehr als dessen typischer Ausdruck dar. Derartige Verträge, die durch das gesellschaftliche Leben nicht konstituiert, sondern lediglich veranlaßt werden, sind einer rechtsgeschäftlichen Ausgestaltung in vollem Umfang zugänglich. So ist der Ausschluß primärer Leistungsansprüche zwar ein charakteristisches Merkmal der Gefälligkeitsfahrt, aber es läßt sich nicht bestreiten, daß die Parteien — aus welchen Gründen auch immer — von den mit einer solchen Vereinbarung verbundenen typischen Verhaltensweisen abweichen und ein Recht auf die Leistung zur Entstehung bringen können. Die gleiche Beurteilung werden alle gewöhnlich als nicht rechtsgeschäftlich bezeichneten Vereinbarungen erfahren müssen, die eine auch rechtsgeschäftlich zu erlangende Leistung auf der Ebene des gesellschaftlichen Verkehrs zum Gegenstand haben. Etwas anderes kann nur gelten, wenn die fragliche Leistung als ein untergeordneter Bestandteil eines rein gesellschaftlichen Vorgangs erscheint — die Mitnahme im PKW also z. B. im Rahmen eines gemeinschaftlichen Sonntagsausfluges erfolgt. — Anzufügen bleibt, daß die Dispositionsfreiheit der Parteien erst recht dann keinen Beschränkungen unterliegt, wenn die zu erbringende Leistung überhaupt aus dem Rahmen gesellschaftlich üblicher Betätigungen fällt. Wer einen Unfallverletzten in das Krankenhaus fährt, kann also zur Leistung verpflichtet werden.

Zusammenfassend läßt sich feststellen, daß dem gemeinsamen Merkmal der hier erwähnten Verträge ein selbständiger Hinweis für die rechtliche Beurteilung nicht entnommen werden kann. Es ist also irreführend, die Hilfeleistungen des täglichen Lebens schlechthin den nicht rechtsgeschäftlichen Vereinbarungen zuzurechnen. Die Rede vom Gefälligkeitscharakter dieser Verträge verschleiert nur die rechtsdogmatischen Unterschiede. In jedem einzelnen Fall ist zu prüfen, ob der Anspruch der Rechtsordnung oder die Unverbindlichkeit der unter dem Begriff des gesellschaftlichen Verkehrs zusammengefaßten zwischenmenschlichen Beziehungen Maxime für die Beurteilung der konkreten Vereinbarung sein muß.

cc) Vereinbarungen unter Familienangehörigen

Eine bedeutende und viel erörterte Gruppe nicht rechtsgeschäftlicher Vereinbarungen gehört der relativ klar abgrenzbaren sozialen Sphäre der Familie an. Im familiären Rahmen getroffene Abmachungen werden in der Literatur häufig als typische Beispiele nicht rechtsgeschäftlicher Gefälligkeitsverhältnisse behandelt. Indessen zeigen die hier zu berücksichtigenden Vereinbarungen ein so buntes Bild, daß eine angemessene Beurteilung nur möglich erscheint, wenn der jeweilige Gegenstand der Absprache exakt bestimmt wird. Anders als der Bereich des gesellschaftlichen Lebens hat die Familie als konkrete soziale Gruppierung im vierten Buch des BGB — das insoweit von der formalen Normierung des Gesetzes abweicht — eine eingehende Regelung gefunden. Nicht wenigen Vereinbarungen des familiären Bereichs hat der Gesetzgeber rechtsgeschäftliche Qualität zugesprochen[33]. Es ist somit ausgeschlossen, die Unverbindlichkeit spezifisch familiärer Absprachen schlechthin zu behaupten. Soweit diese im Gesetz geregelte Rechtsverhältnisse berühren, wie die den Unterhalt der Ehegatten oder die Ausstattung und Erziehung der Kinder betreffenden Vereinbarungen, sind zunächst die einschlägigen Vorschriften der §§ 1360, 1360a, 1624 und 1626, 1631 BGB heranzuziehen. Im übrigen ist zu unterscheiden, ob zum Gegenstand der Vereinbarung höchstpersönliche Rechte eines Vertragspartners gemacht werden — insbesondere im Zusammenhang mit Eheschließung, Ehescheidung und Konfessionswechsel — oder ob die Parteien Absprachen über die bloß tatsächliche Ausgestaltung des Familienlebens treffen. Am Rande stellt sich dann wiederum die Frage nach der rechtlichen Behandlung solcher Vereinbarungen, die grundsätzlich im wirtschaftlichen Verkehr zu erlangende Leistungen Familienangehörigen aufbürden.

Wir haben bereits hervorgehoben[34], daß nach der ratio des Gesetzes eine Erweiterung der höchstpersönlichen Leistungen über die positiv geregelten Fälle hinaus nicht vertretbar ist. Da unsere Rechtsordnung von der Unantastbarkeit der Person und ihrer existentiellen Lebensäußerungen ausgeht, kann sie Verträge, die diese ursprüngliche Freiheit des Rechtssubjekts in den wesentlichen personalen Bereichen einschränken, nur in engsten Grenzen zulassen. Die gegenüber einem Dritten übernommene Verpflichtung, eine bestimmte Person zu heiraten oder nicht zu heiraten, ist daher unwirksam, weil die Freiheit der Partnerwahl als Ausdruck der personalen Existenz des Menschen nur

---

[33] Das gilt vor allem für die grundlegenden Verträge des Familienrechts: Verlöbnis (§ 1297 BGB), Eheschließung (§ 13 EheG), Ehevertrag (§ 1408 BGB), Annahme an Kindes Statt (§ 1741 BGB), aber auch für das Ausstattungsversprechen (vgl. unten S. 83).
[34] Siehe oben S. 67.

II. Die Bewertung nicht rechtsgeschäftlicher Vereinbarungen

gegenüber dem Ehegatten aufgehoben werden kann. Die gleichen Überlegungen gelten für Verträge über den Wechsel der Konfession oder die Ehescheidung nach einem bestimmten Ritus[35]. Religiöse oder areligiöse Überzeugungen können nicht in verbindlicher Weise für die Zukunft gegenüber einem Dritten sanktioniert werden. Die Freiheit, von derartigen Zusagen später wieder Abstand zu nehmen, ist höchstpersönliches Recht der Person.

Eine andere Gruppe hier zu berücksichtigender Vereinbarungen dient ausschließlich der tatsächlichen Gestaltung des Familienlebens. Das Versprechen gegenüber der Ehefrau, vor Mitternacht wieder zu Hause zu sein, die Verabredung unter Ehegatten, Bekannte zu besuchen, oder die Abrede unter Verwandten, zur Hochzeit eines Angehörigen bestimmte Geschenke zu machen, sind nichts weiter als typischer Ausdruck des familiären Daseins. Für derartige Verhaltensweisen gilt das gleiche wie für die charakteristischen Äußerungen des gesellschaftlichen Lebens. Sie sind nach der im sozialen Verkehr herrschenden Überzeugung per se unverbindlich, können also durch keinen Willensakt der Beteiligten in ein Rechtsverhältnis mit gegenseitigen Handlungspflichten verwandelt werden[36]. Der Grund für die Unverbindlichkeit innerfamiliärer Vereinbarungen liegt letztlich in der Unerzwingbarkeit des angestrebten Zweckes. Das Recht vermag zu einer sinnvollen und interessengerechten Gestaltung des familiären und ehelichen Zusammenlebens nur in der Sicherung der institutionellen Formen beizutragen.

Nach diesem Grundsatz lassen sich indessen nicht alle im familiären Rahmen getroffenen Vereinbarungen lösen. Der Gesetzgeber wollte gewisse Interessen der Familienangehörigen nicht ausschließlich der Unverbindlichkeit innerfamiliärer Absprachen überlassen. Die an die soziologischen Gegebenheiten anschließende Wertung der Rechtsordnung muß — und das scheint uns nicht immer genügend beachtet worden zu sein — stets vom positiven Recht ausgehen, wo dieses eine klare Entscheidung getroffen hat. So enthalten nicht wenige in der Literatur den nicht rechtsgeschäftlichen Vereinbarungen zugerechneten Verträge

---

[35] In der Rechtsprechung hat der Grundsatz Anerkennung gefunden, daß der Konfessionswechsel grundsätzlich keine Eheverfehlung darstellt; vgl. insbes. BGHZ 33, 145 und BVerfG, NJW 1964, S. 1174. Vgl. aber BGHZ 38, 317. Zur Ehescheidung nach einem bestimmten Ritus siehe oben Anm. 79 S. 40.

[36] Zutreffend ist daher in RGZ 158, 294, 298 eine Verpflichtung des Ehegatten, während der Ehe allein keinerlei Geschäftsreisen zu unternehmen, für nichtig erklärt worden. Das Reichsgericht hat in dieser Entscheidung einen derartigen Vertrag als sittenwidrig bezeichnet (ebenso Joachim Gernhuber, Lehrbuch des Familienrechts, München u. Berlin 1964, S. 145 Anm. 2). Dieser Begründung ist zuzustimmen. Zu ergänzen ist jedoch, daß unter Ehegatten für eine bindende Verpflichtung über etwa vorzunehmende oder zu unterlassende Reisen ohnehin kein Raum sein kann.

Abreden über den Unterhalt der Ehegatten. *Flume* behandelt als Beispiel eingehend den in England entschiedenen Fall Balfour v. Balfour[37], dem eine Leistungsklage aus einem zwischen den Ehegatten bei intakter Ehe geschlossenen Unterhaltsvertrag zu Grunde lag. Anlaß der Vereinbarung war die durch Krankheit erzwungene, zeitlich begrenzte Trennung der Ehegatten. Vom Boden der deutschen Rechtsordnung aus wird man schwerlich Flumes Billigung des klagabweisenden Urteils zustimmen können. Die §§ 1360, 1360a BGB enthalten eine detaillierte Regelung der zwischen den Ehegatten bestehenden Unterhaltspflicht. Die in Erfüllung dieser Pflicht geschlossenen Vereinbarungen mögen häufig Leistungsansprüche nicht vorsehen, da die Anpassung an die sich ständig ändernden Bedingungen des gemeinschaftlichen Lebens eine flexible Gestaltung der alltäglichen Unterhaltsvereinbarungen erforderlich macht[38]. Aber es ist doch nicht zu übersehen, daß die wirtschaftlichen oder sonstigen tatsächlichen Umstände, unter denen die Ehegatten leben, nicht selten den Abschluß verpflichtender Vereinbarungen nahelegen werden. Der Gesetzgeber hat darauf verzichtet, den Unterhaltsanspruch nach Inhalt und Leistungsmodalitäten näher auszugestalten. Geschuldet wird je nach den gegebenen Verhältnissen Naturalleistung, Arbeitsleistung oder Geldzahlung[39]. Die Parteien können nun daran interessiert sein, die Art der zu erbringenden Leistung verbindlich festzulegen. Gerade dafür scheint uns der Fall Balfour v. Balfour ein instruktives Beispiel zu bieten. Bei einer erzwungenen, länger andauernden Trennung der Ehegatten vermag der erwerbstätige Teil den Unterhalt des anderen Ehegatten nur durch regelmäßige Geldzahlungen zu sichern. Ein verpflichtender Vertrag, der diese Leistung und die Zahlungsbedingungen regelt, ist daher wirksam[40]. Unterhaltsvereinba-

---

[37] a.a.O. S. 83.
[38] Mit Recht sagt Joachim *Gernhuber*, a.a.O. S. 157: „Unnachsichtige Bindung an einmal Vereinbartes widerspricht der Notwendigkeit, das gemeinschaftliche Leben im Wandel der Verhältnisse stets neu zu gestalten." Zur Unterhaltsvereinbarung a.a.O. S. 180 u. 185.
[39] Ganz h. L. vgl. *Gernhuber* a.a.O. S. 180; *Ermann-Bartholomeyczik* Anm. 9a zu § 1360a; *Staudinger-Hübner* Rd.-Nr. 26, 27 zu § 1360a und die dort angegebene Literatur.
[40] *Ermann-Bartholomeyczik*, Anm. 9a zu § 1360a, hält einen verpflichtenden Vertrag über die Unterhaltsleistung jedenfalls dann für möglich, „wenn sich ein Ehegatte in Gefängnis oder in einer Heilanstalt befindet". Indessen besteht kein Grund, die Wirksamkeit einer solchen Abrede auf diese außergewöhnlichen Fälle zu beschränken. Das Reichsgericht hat in RGZ 158, S. 294 ff., 299 die Wirksamkeit einer vertraglichen „Verpflichtung des Ehemannes zur Zahlung einer bestimmten Unterhaltsrente an die Frau während der ehelichen Gemeinschaft" verneint. Die Begründung ist nach heutigem Recht jedoch unhaltbar: „Die Übernahme einer solchen Vertragspflicht durch den Mann muß als dem Wesen der Ehe widersprechend und daher als unzulässig bezeichnet werden. Sie verstößt gegen den in § 1354 BGB aufgestellten Grundsatz, daß dem Manne allein in allen das gemeinschaftliche eheliche Leben betreffenden Angelegenheiten die Entscheidung zusteht. Für

II. Die Bewertung nicht rechtsgeschäftlicher Vereinbarungen

rungen setzen nicht das Getrenntleben der Ehegatten oder eine andere krisenartige Entwicklung der Ehe voraus⁴¹. Mit diesem Ergebnis stellt sich freilich die Frage, ob grundsätzlich jede Vereinbarung der Ehegatten über den zu leistenden Unterhalt Leistungsansprüche vorsehen kann. Ist für derartige Verträge nicht jedenfalls eine außergewöhnliche Entwicklung der ehelichen Verhältnisse erforderlich oder können die Ehegatten eine verbindliche Vereinbarung auch über den Kauf eines Mantels treffen? Bedenken gegen eine so weitgehende Verpflichtungsmöglichkeit der Ehegatten ergeben sich aus der schon erwähnten Eigenart des familiären Zusammenlebens. Es läßt sich nicht leugnen, daß die alltäglichen Absprachen über einzelne Unterhaltsleistungen notwendige Begleiterscheinung des Familienlebens sind. Dessen Äußerungen können aber grundsätzlich nicht Gegenstand verpflichtender Verträge sein. Dieser Gedanke, der auch hinter Flumes Erwägungen steht, vermag jedoch dort nicht zu überzeugen, wo die Ehegatten in Erfüllung einer Rechtspflicht handeln. Wen das objektive Recht in unabdingbarer Weise zu einem bestimmten Verhalten zwingt, der kann sich hinsichtlich dieses selben Gegenstandes gegenüber dem gesetzlich Berechtigten auch vertraglich binden. Man wird daher nur sagen können, daß die Masse der ehelichen Unterhaltsvereinbarungen tatsächlich nur selten einen Leistungsanspruch vorsehen wird. Die Möglichkeit einer solchen Absprache ist jedoch nicht auszuschließen.

Ähnliche Grundsätze gelten für die Fälle des Ausstattungsversprechens — Zusage eines Monatswechsels für das Studium oder eines Zuschusses für die Gründung einer Familie gegenüber Sohn oder Tochter — auf die *Flume* aufmerksam gemacht hat⁴². Der Gesetzgeber hat in § 1624 BGB nicht das Versprechen der Ausstattung, sondern nur deren Gewährung selbst geregelt und ausdrücklich von der Schenkung unterschieden. Für das Ausstattungsversprechen gilt daher weder § 1624 BGB unmittelbar noch § 518 BGB. Die Ausstattung zeichnet sich gegenüber der Schenkung durch eine „arteigene causa" aus⁴³. Bei der Beurteilung des Ausstattungsversprechens ist demnach zu berücksichtigen, daß sich die angemessene Ausstattung selbst als ein besonderer, vom Gesetzgeber geregelter, rechtsgeschäftlicher Vorgang darstellt. Ein An-

---

rechtsgeschäftliche Abmachungen unter Eheleuten ist in dieser Beziehung kein Raum..." Das OLG Breslau hatte als Instanzgericht die Wirksamkeit der Verpflichtung bejaht. Auch *Staudinger-Hübner*, Rd.-Nr. 10 zu § 1360, bejaht die Zulässigkeit ehelicher Unterhaltsvereinbarungen bei intakter Ehe. Er hebt vor allem solche — keineswegs seltenen — Vereinbarungen hervor, „die Beitragspflichten der Ehegatten, insbesondere wenn beide erwerbstätig sind, und den Lebenszuschnitt der Familie im Sinn der Angemessenheit regeln".

⁴¹ A. M. *Flume* a.a.O. S. 84.
⁴² a.a.O. S. 84.
⁴³ *Gernhuber* a.a.O. S. 498.

2. Abschnitt: Rechtserhebliches Handeln verschiedener Intensität

spruch auf Ausstattung besteht dabei nicht. Jedoch ist es anerkannten Rechts, daß ein solcher Anspruch rechtsgeschäftlich begründet werden kann[44]. Wiederum ist davon auszugehen, daß die Rechtsordnung in der Gewährung einer Ausstattung nun einmal kein rein innerfamiliäres, rechtlich irrelevantes Verhalten sieht, sondern das beachtliche Interesse des Kindes in die rechtliche Ordnung der Familie einfügt. Unter diesen Umständen kann es Eltern und Kindern nicht verwehrt sein, über die angemessene Ausstattung auch formlos verpflichtende Verträge abzuschließen. Es ist daher nicht möglich, bestimmte soziale Formtypen des Ausstattungsversprechens — etwa die Zusage eines Monatswechsels gegenüber dem studierenden Sohn — prinzipiell als nicht rechtsgeschäftliche Vereinbarungen zu behandeln[45]. Daß die Parteien freilich bei ihrer Abrede von der Begründung eines Anspruchs auf Ausstattung absehen können, versteht sich von selbst.

Von nicht unerheblicher Bedeutung sind auch die zwischen den Ehegatten über die Erziehung des Kindes getroffenen Abmachungen. Vereinbarungen über das Bekenntnis des Kindes, die Berufswahl oder Berufsausbildung, den Ferienort, aber auch die Verwendung des Kindesvermögens gehören zum alltäglichen Erscheinungsbild jeder Familie. Das Gesetz enthält keinen unmittelbaren Hinweis auf die Verbindlichkeit oder Unverbindlichkeit derartiger Verträge. Auch der bekannten Vorschrift des § 1627 S. 2 BGB, die eine Einigung der Eltern in allen Fragen der elterlichen Gewalt fordert, ist nichts darüber zu entnehmen, ob die Parteien eine rechtsgeschäftliche Bindung an die einmal vollzogene Willenseinigung vereinbaren können. Die Antwort auf diese Frage ergibt sich jedoch aus der freien Handhabung der elterlichen Gewalt durch die Vertragspartner. Welche Maßnahmen sie im Rahmen der Personen- und Vermögenssorge treffen wollen, ist ihnen in den Grenzen der §§ 1666, 1667 BGB freigestellt. Sie können jedes ihnen zweckmäßig erscheinende Ziel anstreben und — das ist entscheidend — diese Intention jederzeit ändern, um andere Vorstellungen zu verwirklichen. Diese zur elterlichen Gewalt notwendig gehörende Entscheidungsfreiheit kann rechtsgeschäftlich nicht eingeschränkt werden[46].

---

[44] *Ermann-Ronke*, Anm. 1a u. 2e zu § 1624; *Staudinger-Gotthardt*, Rd.-Nr. 20a zu § 1624; Hans *Dölle*, Familienrecht, Karlsruhe 1964/65. Bd. 1-2, II, S. 130.

[45] So aber *Flume* a.a.O. S. 84.

[46] In der Literatur ist vor allem die Frage diskutiert worden, ob die Ehegatten an eine einmal im Rahmen des § 1627 BGB vorgenommene Aufgabenteilung gebunden sind. Eine eindeutig h. L. hat sich bislang nicht herausgebildet. Mit Recht sagt *Staudinger-Donau*, Rd.-Nr. 19 zu § 1627, es würde „dem Charakter der elterlichen Gewalt widersprechen, wenn ein Elternteil sich durch eine rechtsverbindliche Abmachung seines pflichtgebundenen Rechts begeben könnte. Er muß vielmehr berechtigt bleiben, seiner Auffassung auch dann Geltung zu verschaffen, wenn er lediglich seine Auffassung zu einer bestimmten Frage geändert hat". Ebenso Hermann *Lange*, NJW 1961, S. 1890 und RGRKomm., Anm. 13 zu § 1627, die den „Pflicht-

II. Die Bewertung nicht rechtsgeschäftlicher Vereinbarungen

Entstehen zwischen den Ehegatten Meinungsverschiedenheiten, weil einer von ihnen an eine früher getroffene Vereinbarung i. S. d. § 1627 BGB nicht mehr gebunden sein will, dann ist auch insoweit zur letzten Entscheidung das Vormundschaftsgericht berufen[47]. Für die Vereinbarungen über die Konfession des Kindes ist die freie Widerrufbarkeit der gegebenen Zusage vom Gesetz anerkannt[48].

Abschließend soll jener Vereinbarungen unter Familienangehörigen gedacht werden, die eine üblicherweise im wirtschaftlichen Verkehr angebotene Leistung zum Gegenstand haben. Anders als bei entsprechenden Vereinbarungen im gesellschaftlichen Leben wird man hier sagen müssen, daß im Rahmen der Kleinfamilie auch insoweit Leistungsansprüche nicht begründet werden können. Die Übernahme von Dienstleistungen durch Familienangehörige ist eine charakteristische und alltägliche Erscheinung des Familienlebens. Sie gehört in jenen Kreis innerfamiliärer Verhaltensformen, deren Sinn gerade in der Unverbindlichkeit des Handelns liegt. Eine andere Beurteilung werden nur Verträge mit außerhalb der Kleinfamilie stehenden Verwandten erfahren müssen. Die Verhältnisse ähneln hier den üblichen gesellschaftlichen Beziehungen, da die Familie im Recht und in unserer sozialen Wirklichkeit als Kleinfamilie konstituiert ist.

dd) Vereinbarungen des wirtschaftlichen Verkehrs insbesondere das gentlemen's agreement

Wenn nach den Grenzen der vertraglichen Bindung nicht rechtsgeschäftlicher Vereinbarungen des wirtschaftlichen Verkehrs gefragt werden soll, dann wird vor dem Hintergrund der bisherigen Untersuchungen deutlich, daß sich die Problemstellung umkehrt. Stand bislang im Mittelpunkt der Erörterungen, ob die Parteien unter gewissen sozialen Gegebenheiten vertraglich Leistungsansprüche begründen können, wird

---

charakter" der elterlichen Gewalt hervorheben. Soweit in der Literatur gefordert wird, der eine vereinbarte Aufgabenteilung ablehnende Ehegatte müsse einen „begründeten Anlaß" für sein Verhalten haben (*Ermann-Ronke*, Bem. 1 e zu § 1627; *Palandt-Lauterbach*, Bem. 1 zu § 1627: „begründeter" Widerruf möglich; *Gernhuber*, FamRZ 1962, 96 N. 54; *Paulick*, FamRZ 1958, 3), liegt eine Verkennung der die elterliche Gewalt tragenden „eigenen Verantwortung" vor. Sie setzt die persönliche Überzeugung jedes Ehegatten von der Richtigkeit der getroffenen Vereinbarung voraus. Ändert sich diese Überzeugung, kann von „verantwortlicher" Ausübung der elterlichen Gewalt nicht mehr die Rede sein.

[47] Dieser Fall ist nicht anders zu behandeln als der nicht beizulegende Meinungsstreit der Eltern über die Ausübung der elterlichen Gewalt im allgemeinen. Daß in diesen Fällen das Vormundschaftsgericht zu entscheiden hat, ist h. L., vgl. *Ermann-Ronke*, Bem. 4 zu § 1627; *Gernhuber* a.a.O. S. 537; *Staudinger-Donau*, Rd.-Nr. 20 zu § 1627.

[48] § 1 S. 2 und § 4 RelKErzG.

2. Abschnitt: Rechtserhebliches Handeln verschiedener Intensität

bei den folgenden Überlegungen darauf zu achten sein, welche Rechte die Vertragspartner beim Abschluß nicht rechtsgeschäftlicher Vereinbarungen auf der Ebene des wirtschaftlichen Verkehrs ausschließen können. Denn wir dürfen nunmehr davon ausgehen, daß Verträge über Leistungen, die regelmäßig auch im wirtschaftlichen Verkehr zu erlangen sind, Leistungspflichten vorsehen können, mögen die Parteien sich auch auf der Ebene des gesellschaftlichen Lebens begegnen. Die Sphäre der wirtschaftlichen Bedarfsdeckung wird von der Rechtsordnung vor allen anderen Verhaltensweisen des zwischenmenschlichen Verkehrs erfaßt. Folgerichtig müssen hier den Parteien auch alle vom Gesetzgeber bereitgestellten rechtlichen Gestaltungsmöglichkeiten zur Verfügung stehen. Gerade deshalb drängt sich jedoch die Frage auf, in welchem Umfang die Parteien auf die Vertragsmodelle der Rechtsordnung verzichten können. Wenig problematisch sind insoweit Vereinbarungen, die im Rahmen gesellschaftlicher Kontakte getroffen werden. Die Begründung von Leistungsansprüchen ist in diesen Fällen zwar nicht ausgeschlossen, wenn Gegenstand des Vertrages Leistungen des Rechtsverkehrs sind. Andererseits kann nicht bezweifelt werden, daß der Verzicht auf Leistungspflichten im gesellschaftlichen Verkehr zulässig ist.

Schwieriger ist die Beurteilung der üblicherweise dem rechtsgeschäftlichen Verkehr zugehörigen Vereinbarungen, wenn die Parteien primäre Leistungsansprüche nicht begründen wollen. Hier handelt es sich um die unter dem Begriff des gentlemen's agreement zusammengefaßten Verträge, deren dogmatische Erfassung bisher über Ansätze nicht hinausgekommen ist[49]. Freilich kann diese Arbeit derzeit schon deswegen nicht geleistet werden, weil eine exakte rechtssoziologische Aufbereitung des vielfältigen Tatsachenmaterials fehlt. Die folgenden Erwägungen müssen daher notwendig lückenhaft bleiben. Sie wollen nur jene Gesichtspunkte aufzeigen, die auf der Grundlage der bisherigen Untersuchung einem systemgerechten Verständnis des gentlemen's agreement dienlich erscheinen.

Wir gehen somit davon aus, daß ein rechtsgeschäftlicher Vorgang nicht, wie die Doktrin vom Rechtsfolgewillen lehrt, durch den Partei-

---

[49] In der Literatur wurde das gentlemen's agreement vor allem bei der Erörterung kartellrechtlicher Fragen behandelt. Dabei wird im allgemeinen die Auffassung vertreten, es handele sich um Vereinbarungen, deren rechtliche Verbindlichkeit von den Parteien ausgeschlossen wird (vgl. Anm. 12, S. 12 bes. *Ruge* a.a.O. S. 704 f.; *Honold* a.a.O. S. 89). Ähnliche Äußerungen finden sich bei *Mosheim* a.a.O. S. 1034, der seinen Erwägungen ebenfalls nur einen ganz kleinen Ausschnitt der tatsächlich vorkommenden gentlemen's agreements zugrunde legt. Er behandelt ausschließlich Vereinbarungen des schweizerischen Bankgewerbes. Den einzigen Versuch einer prinzipiellen Lösung unternimmt *Reuss* a.a.O. S. 490 ff. mit der Einordnung des gentlemen's agreement in eine Skala schuldrechtlicher Verträge mit unterschiedlicher Verpflichtungswirkung. Vgl. dazu unten Anm. 69.

II. Die Bewertung nicht rechtsgeschäftlicher Vereinbarungen

willen in eine tatsächliche, außerrechtliche Beziehung umgestaltet werden kann. Zu fragen ist stets nach den einzelnen konkret gewollten oder ausgeschlossenen Rechten der Vertragspartner. Diese Überlegung mußte konsequent zu der Feststellung führen, daß auch die nicht rechtsgeschäftliche Vereinbarung häufig rechtlich bedeutsame Absprachen enthält. Daß diese Folgerung nicht nur für die Abreden des gesellschaftlichen Lebens, sondern auch für die gentlemen's agreements des wirtschaftlichen Verkehrs gilt, soll an Hand einiger Beispiele aufgezeigt werden.

Der einer vertraglichen Einigung immanente Sinn darf auch bei Abschluß eines gentlemen's agreement nicht unbeachtet bleiben. Das nun einmal Gewollte können die Parteien nicht für rechtlich irrelevant erklären, wenn es notwendig rechtliche Elemente enthält. In der Regel liegt den Parteien eine solch absurde Konstruktion auch völlig fern. Was sie verhindern wollen, ist in den meisten Fällen nur die Begründung klagbarer Leistungsansprüche. Ein instruktives Beispiel dafür bietet das schon erwähnte Urteil des OLG Hamburg[50], mit dem eine Leistungsklage aus einem als gentlemen's agreement bezeichneten Schuldentilgungsvertrag zurückgewiesen wurde. Man wird dem Urteil zustimmen müssen, weil die Parteien auch bei einem derartigen Vertrag auf eine Leistungspflicht verzichten können. Jedoch enthält die Erklärung des Schuldners logischerweise ein bestätigendes Schuldanerkenntnis. Der Schuldner bekennt, eine bestimmte Summe zu schulden. An dieser ernst gemeinten Willensäußerung kann auch die rechtliche Bewertung nicht vorbeigehen. Es ist nicht möglich, zwischen einem tatsächlichen und einem rechtsgeschäftlichen Willen, die Schuld anzuerkennen, zu unterscheiden. Die dem Schuldner zur Zeit der Erklärung bekannten Einwendungen gegen die Schuld sind also ausgeschlossen und darüber hinaus kann die Erklärung des Schuldners auch die Bedeutung haben, „daß ... die Ersatzpflicht als solche dem Grunde nach anerkannt und dem Streit der Parteien entrückt werden soll"[51]. Ausgeschlossen wird nach dem Willen der Parteien nur das konstitutive Anerkenntnis gemäß § 781 BGB. Andere in der Praxis häufig vorkommende, jedoch noch nicht untersuchte Formen des gentlemen's agreement werden nicht selten gleichfalls einen Kern rechtlicher Abreden enthalten. Stellen sich zwei Unternehmen beim Straßenbau „aus Gefälligkeit" gegenseitig Baumaschinen zur Verfügung, dann wird es ebenfalls an einem Leistungsanspruch fehlen. Erfüllt jedoch ein Vertragspartner das Versprechen, wird nach dem Sinn der Abrede der andere Teil oft das Recht haben, die Gegenleistung zu fordern. Vereinbart sind also mit der realen Vorleistung entstehende Leistungsansprüche. Diese

---
[50] MDR 1953, S. 482.
[51] BGH MDR 1963, S. 990.

Lösung scheint uns das Wesen derartiger Verträge präziser zu erfassen als die voreilige Berufung auf die Grundsätze des § 242 BGB. Ähnlich wird man die meisten gentlemen's agreements behandeln müssen, die den Austausch von Leistungen durch positives Tun bezwecken.

Die Rechtsprechung hat einige gentlemen's agreements, ohne sich bei der Frage nach dem Rechtsfolgewillen aufzuhalten, tatsächlich als Rechtsverhältnisse behandelt. So hat die Sachlogik der Willenseinigung die Entwicklung der bekannten Rechtsprechung zur Leistung freiwilliger Gratifikationen im Rahmen eines Arbeitsvertrages bestimmt. Sind sich die Parteien auch über die Freiwilligkeit der Zuwendung einig — der Vorgang ist offenbar als ein nur tatsächliches Verhältnis nicht zu verstehen. Dem Arbeitnehmer soll lediglich ein Anspruch auf die Leistung nicht erwachsen. Daß causa der Zuwendung jedoch der Arbeitsvertrag ist, darf als selbstverständlicher Inhalt jeder derartigen Gratifikationsvereinbarung angenommen werden. Die Rechtsprechung hat daher zutreffend die Gratifikation als Entgelt für die geleistete Arbeit bezeichnet und bei mehrfacher Wiederholung einen Rechtsanspruch anerkannt[52]. Stets ist das ganze Gefüge der Abrede zu würdigen. Systemwidrig ist diese Rechtsprechung des Bundesarbeitsgerichtes nur für eine Rechtsgeschäftslehre, die den Parteien die Möglichkeit eröffnet, die einzelne Abrede als einen rechtlich irrelevanten Vorgang zu qualifizieren und aus den vorgegebenen Kausalbeziehungen herauszulösen. Entscheidend abgewichen von dieser überkommenen Lehre ist der BGH in einem Urteil, das über eine ausdrücklich als gentlemen's agreement bezeichnete Meistbegünstigungsklausel zu befinden hatte[53]. Trotz dieses Sachverhalts sprach der BGH dem Begünstigten einen Anspruch auf Auskunftserteilung über die gegebenen Aufträge zu, als das Verhalten des Vertragspartners die Annahme nahelegte, dieser halte sich nicht an die getroffene Vereinbarung. Obwohl der BGH zunächst der Theorie vom Rechtsfolgewillen seine Reverenz erweist, sind die folgenden Ausführungen doch ganz von einer sehr konkreten, differenzierenden Betrachtung des Parteiwillens geprägt: „Es läßt sich jedoch kein allgemeiner Rechtssatz des Inhalts aufstellen, daß es immer dann, wenn die Partner einer Vereinbarung diese als gentlemen's agreement bezeichnen, an einem rechtlichen Verpflichtungswillen gefehlt habe... vielmehr muß unabhängig davon, ob die Bezeichnung „gentlemen's agreement" gebraucht wird oder nicht, nach den allgemeinen Regeln der Auslegung ermittelt werden, ob und in welchem Umfang die Parteien sich rechtlich durch die Begründung klagbarer Ansprüche verpflichten woll-

---

[52] Vgl. BAG 11, 338 ff.; BAG RdA 17 (1964) Nr. 103 S. 197; ferner RGZ 94, 322 ff.
[53] BGH MDR 1964, S. 570 = Betrieb 1964, S. 475 (dort auch eine zusammengefaßte Wiedergabe des Tatbestandes).

II. Die Bewertung nicht rechtsgeschäftlicher Vereinbarungen

ten..."[54]. Der BGH begründet die Auskunftspflicht schließlich damit, daß der Anspruchsgegner verpflichtet war, die gerade durch den Abschluß eines gentlemen's agreement geforderte Haltung „freundschaftlicher, von gegenseitigem Vertrauen getragener Zusammenarbeit" zu bewahren und daher zutreffende Auskünfte über die vergebenen Aufträge zu erteilen. Diese Überlegungen gehen in sehr subtiler Weise auf den Willen der Parteien ein und werden dem gesamten Vertragswerk im wesentlichen gerecht. In welchem Maße der mit Vereinbarung eines gentlemen's agreement häufig verbundene Verzicht auf Leistungsansprüche zu einer Maskerade werden kann, zeigen schließlich die von *Mosheim* mitgeteilten Verträge zwischen der Schweizerischen Notenbank und dem privaten Bankgewerbe[55]. Der mit diesen Vereinbarungen verfolgte Zweck — es handelt sich um dringende Probleme des Kapitalmarktes im Zusammenhang mit der Emission von Auslandsanleihen, der Kündigung von Hypotheken u. ä. — konnte auch jederzeit im Wege der Gesetzgebung erreicht werden. Die gewählte Form des gentlemen's agreement kann also nicht darüber hinwegtäuschen, daß die privaten Banken faktisch gehalten waren, die getroffenen Vereinbarungen peinlich zu befolgen.

Die Unterscheidung zwischen der Vereinbarung einzelner Rechte und der Bewertung des Vertrages durch die Parteien erleichtert schließlich auch die Lösung der so umstrittenen gentlemen's agreements im Kartellrecht. Es ist nicht zu bezweifeln, daß die Kontrahenten in diesen Fällen ernsthaft einen dem Recht immanenten Erfolg und darüber hinaus auch die gegenseitige Bindung an die Vereinbarung wollen. Wenn sie dabei das Vorliegen einer Verpflichtung ausdrücklich leugnen, so liegt darin eine höchst willkürliche rechtliche Würdigung ihres Vertragswerkes, die ihren Grund in ganz evidenter Weise nur in der Existenz einer entsprechenden Verbotsnorm hat. Wir haben es hier also mit einer Fallgestaltung zu tun, wo trotz gegenteiliger Versicherung der Parteien primäre vertragliche Ansprüche gewollt sind. Diese Folgerung ergibt sich notwendig aus dem allein maßgebenden Zweck des Vertrages. Die Vertragspartner können nicht nach Belieben Freundschaft, Ehre, Anstand und ähnliche Wertvorstellungen zum Geltungsgrund ihrer Vereinbarung erheben. Nur wer diese Möglichkeit bejaht, kann die gentlemen's agreements des Kartellrechts dem Anwendungsbereich des § 1 GWB entziehen. Die Eigenart solcher Absprachen — und dadurch unterscheiden sie sich von allen bisher behandelten Vereinbarungen — liegt im gesetzlichen Verbot des angestrebten Erfolges. Aber diesem Umstand sind keine durchgreifenden Bedenken gegen das hier vorgeschlagene Lösungsmodell zu entnehmen. Jede gegen eine Verbotsnorm

---
[54] MDR 64, S. 570.
[55] a.a.O. S. 1034.

2. Abschnitt: Rechtserhebliches Handeln verschiedener Intensität

verstoßende Vereinbarung ist als eine in sich geschlossene, zweckbestimmte Schöpfung des Parteiwillens existent. Haben sich die Parteien in Kenntnis des Verbotes über den Vertragsschluß geeinigt, dann wird die Willensbildung in der Regel von der Verbotsnorm völlig unberührt bleiben. Nur die von den Kontrahenten angestrebten Rechtsfolgen werden von der Rechtsordnung nicht sanktioniert. Insofern unterscheidet sich der sachliche Gehalt der als gentlemen's agreement bezeichneten Vereinbarung nicht von anderen verbotenen Kartellabreden. Nur auf diesem Wege wird man auch dem Wesen der Verbotsnorm gerecht werden können. Soll nur ein mit Rechtsfolgewille — im herkömmlichen Sinn — geschlossener Vertrag dem Verbot unterworfen sein, so wäre die merkwürdige Konsequenz, daß sich die Parteien dem Verbot nach Belieben entziehen können[56]. Diese Manipulierbarkeit des gesetzlichen Verbotes widerspricht den fundamentalen Prinzipien einer jeden Rechtsordnung. Dabei ist auch daran zu denken, daß dieses Problem, wie sich der Wille der Parteien zu einer Verbotsnorm verhält, ebensogut außerhalb des Kartellrechts aktuell werden kann. Der mit einem Jurastudenten geschlossene Rechtsberatungsvertrag ist auch dann nichtig, wenn die Vereinbarung als gentlemen's agreement deklariert wird. Es ist in sich widersprüchlich, einerseits ein bestimmtes Verhalten zu verbieten, andererseits aber der Parteiautonomie die Freiheit einzuräumen, mit der Berufung auf einen außerhalb der Rechtsordnung stehenden Geltungsgrund die Vereinbarung in nicht weniger wirkungsvoller Weise zu realisieren. Damit erweist sich letztlich die Tatsache, daß von der Rechtsordnung bestimmte Vereinbarungen verboten werden, als ein schwerwiegendes Argument gegen die herkömmliche Interpretation der Theorie vom Rechtsfolgewillen.

Wir sind bislang davon ausgegangen, daß es nach dem Prinzip der Vertragsfreiheit grundsätzlich in der Macht der Parteien steht, Lei-

---

[56] Zum gleichen Ergebnis sind mit ähnlicher Begründung auch Ernst E. *Hirsch*, Kontrolle wirtschaftlicher Macht, Bern 1958, S. 28 und *Enneccerus-Nipperdey* I, 2 S. 898 Anm. 11 gekommen. Doch ist die letztere Arbeit nicht widerspruchsfrei, da im Text a.a.O. festgestellt wird, daß gentlemen's agreements Erklärungen ohne Rechtsfolgewille seien. Vgl. ferner Hans *Müller-Henneberg*, Gustav *Schwartz*, Gesetz gegen Wettbewerbsbeschränkungen, Kommentar, 1963, Anm. 12 zu § 1 GWB. Gegen die Subsumtion der gentlemen's agreements unter den Vertragsbegriff des § 1 GWB haben sich mit der Begründung, es fehle den gentlemen's agreements der Rechtsfolgewille, insbesondere gewandt Adolf *Baumbach*, Wolfgang *Hefermehl*, Wettbewerbs- und Warenzeichenrecht, 8. Aufl. 1960, Anm. 19 u. 29 zu § 1 GWB, Hans Günther *Kaufmann*, Heinz *Rautmann* u. Georg *Strickrodt*, Gesetz gegen Wettbewerbsbeschränkungen (Frankfurter Kommentar) 1958, Einl. C Anm. 134, ferner Anm. 26 zu § 1 GWB, Werner *Benisch*, Die unverbindliche Abstimmung unter dem Gesetz gegen Wettbewerbsbeschränkungen, in: Der Betrieb 1957, S. 789 ff., ders., Kartellverbot und konformes Marktverhalten, in: Der Betrieb 1959, S. 451 ff., Sigbert *Honold* a.a.O. S. 89 f. Das Bundeskartellamt hat in: Der Betrieb 1963, S. 269 die Vertragsnatur des gentlemen's agreement im Sinne des § 1 GWB bejaht.

II. Die Bewertung nicht rechtsgeschäftlicher Vereinbarungen

stungsansprüche auszuschließen. Diese Voraussetzung gilt jedoch für viele nicht rechtsgeschäftliche Vereinbarungen des wirtschaftlichen Verkehrs dann nicht, wenn die Leistung einmal zugesagt worden ist. Die Leistungspflicht umfaßt nicht nur die tatsächliche Erbringung der Leistung, sondern ihre Bewirkung in der vertragsgemäßen Form[57]. Bei der Darstellung der höchstrichterlichen Rechtsprechung waren bereits jene Vereinbarungen zwischen Anwälten oder Angehörigen anderer beratender Berufe und fachlich unvorgebildeten Personen zu erwähnen, die eine Auskunftserteilung aus Gefälligkeit ohne förmliche Begründung eines Vertragsverhältnisses zum Gegenstand haben[58]. In diesen Fällen hat der BGH ohne Rücksicht auf den fehlenden Rechtsfolgewillen eine vertragliche Pflicht der zur Auskunft bereiten Partei festgestellt, diese Leistung unter Beachtung der gebotenen Sorgfalt zu erbringen. Diesem Leistungsanspruch wollte sich der Anspruchsverpflichtete in den entschiedenen Fällen gerade entziehen. Die Rechtsprechung setzt hier also der parteiautonomen Ausgestaltung des Vertrages durch die Kontrahenten eine deutliche Grenze, die nicht schon aus der Vereinbarung zu entnehmen, sondern erst nach einer wertenden Betrachtung im Rahmen der Rechtsordnung zu postulieren ist. Regelmäßig stehen für den Auskunftsuchenden wesentliche Interessen auf dem Spiel. Dabei fehlen ihm normalerweise alle Voraussetzungen, die sachgerechte Erfüllung eines solchen gentlemen's agreement zu kontrollieren. Er muß dem Vertragspartner rückhaltlos Vertrauen entgegenbringen können. Diese Gesichtspunkte führen dazu, an das Verhalten des Auskunfterteilenden strenge Anforderungen zu stellen, wie sie nur mit Rücksicht auf eine bestehende Leistungspflicht erfüllt werden können. Der Vertragspartner ist zwar nicht an sein Versprechen gebunden. Leistet er jedoch, erwächst dem Leistungsempfänger ein Anspruch auf sorgfältige Erfüllung der Zusage. Die Voraussetzungen für die Unabdingbarkeit des Leistungsanspruchs ähneln denen des Kontrahierungszwanges. Wo die Abschlußfreiheit wegen eines bestehenden Monopols faktisch aufgehoben ist, besteht für den Monopolinhaber Abschlußpflicht. Entsprechend unterliegt ungeachtet geäußerter Vorbehalte einer Leistungspflicht, wer ein freiwillig eingegangenes Vertragsverhältnis kraft überragender Sachkenntnis so beherrscht, daß der Vertragspartner gezwungen ist, ihm zu vertrauen. Derartige Situationen kommen nicht nur bei der Erteilung von Auskünften vor. Der im Schwimmbad oder auf einer vereinsinternen Veranstaltung zufällig anwesende und Erste Hilfe leistende Arzt ist unbeschadet etwaiger gesetzlicher Rechtspflichten zur Leistung vertraglich verpflichtet, wenn er sie einmal übernommen hat. Aber auch der Tank-

---

[57] Die Verpflichtung zur Leistung und die Pflicht zur sorgfältigen, vertragsgemäßen Leistung bilden eine Einheit. Der Verpflichtete schuldet „richtiges Leisten", wie *Larenz* (Schuldrecht I S. 6 f. Anm. 3) mit Recht hervorhebt.
[58] Vgl. oben S. 42.

wart, der aus Gefälligkeit nur den Luftdruck der Reifen überprüft oder der Mechaniker, der mit der gleichen Motivation eine wichtige Reparatur vornimmt, ist zur sachgerechten Durchführung der Arbeit verpflichtet. Das vom Leistungsempfänger nicht kontrollierbare Wissen oder technische Vermögen des Kontrahenten fordert den unbedingten Schutz des ersteren. Unter den erörterten Voraussetzungen ist das dem Leistenden entgegengebrachte Vertrauen nach den Wertentscheidungen unserer Zivilrechtsordnung zu würdigen.

Die nicht rechtsgeschäftlichen Vereinbarungen des wirtschaftlichen Verkehrs sind also geprägt durch die gewichtigen Interessen dieses sozialen Bereichs und das hier offenbare Bedürfnis nach verbindlicher Fixierung des Vertragsgegenstandes. Vor diesem soziologischen Hintergrund sind die in der Rechtsprechung erkennbaren Ansätze zu einer sachgerechten Auslegung des gentlemen's agreement weiterzuentwickeln. Dabei ist grundsätzlich davon auszugehen, daß die Vertragspartner nicht tatsächliche Abreden treffen, sondern lediglich — soweit die Rechtsordnung dies erlaubt — einzelne Rechte ausschließen.

2. Das Recht der Schuldverhältnisse und die nicht rechtsgeschäftliche Vereinbarung

Der Versuch, die rechtliche Relevanz nicht rechtsgeschäftlichen Handelns zu bestimmen, führt schließlich zu der praktisch bedeutsamen Frage, ob und unter welchen Voraussetzungen die für das rechtsgeschäftlich begründete Schuldverhältnis geltenden Regeln des allgemeinen Schuldrechts auch auf die herkömmlicherweise als nicht rechtsgeschäftlich bezeichneten Vereinbarungen anwendbar sind. Angesprochen ist damit das Problem, worin das Wesen des schuldrechtlichen Vertrages überhaupt besteht, da die Heranziehung der allgemeinen Normen des Schuldrechts nun einmal von der Existenz eines Schuldverhältnisses abhängig ist. Wird dem Parteiwillen die Fähigkeit zugestanden, ein rechtsgeschäftliches Verhalten in einen tatsächlichen Vorgang umzuformen, scheint die Frage der Anwendbarkeit des Schuldrechts keine Schwierigkeiten zu bieten. Unbeachtet bleibt dabei freilich, daß der Gesetzgeber in § 241 BGB eine sehr konkrete Beschreibung des Schuldverhältnisses gegeben hat, die nicht einen undifferenzierten Rechtsfolgewillen, sondern ausdrücklich den Leistungsanspruch des Gläubigers als wesentliches Merkmal nennt. Nur in der Auseinandersetzung mit dieser Vorschrift läßt sich daher klären, wann eine schuldrechtliche Beziehung anzunehmen und die Anwendung der einschlägigen Bestimmungen zu bejahen ist.

Nach dem Wortlaut des Gesetzes ist nicht daran zu zweifeln, daß ein nicht gesetzliches Schuldverhältnis nur dann vorliegen soll, wenn ein

II. Die Bewertung nicht rechtsgeschäftlicher Vereinbarungen

Leistungsanspruch vereinbart wurde. Wenn mit der Willenseinigung ein Leistungsanspruch nicht begründet werden sollte, ist der Gläubiger nicht gemäß § 241 BGB „berechtigt, von dem Schuldner eine Leistung zu fordern". Diese summarische Aussage des Gesetzes entspricht jedoch weder dem modernen Verständnis des Schuldverhältnisses noch der Systematik des BGB. Die schuldrechtliche Beziehung erschöpft sich nicht in der Existenz eines Leistungsanspruches, sondern enthält in der Regel eine Fülle weiterer Rücksichts- und Treupflichten, die nahelegen, von einem komplizierten Organismus zu sprechen[59]. § 241 BGB vermag darüber hinaus auch die oben erörterten nicht synallagmatischen Gestaltungsmöglichkeiten des Vertrages nur mangelhaft zu erfassen. Reale Vertragsformen entsprechen nicht dem Prototyp des in § 241 BGB gemeinten Rechtsgeschäfts[60]. Dennoch ist nicht zu bezweifeln, daß reale Vertragsformen dem Recht der Schuldverhältnisse angehören. Das gilt nicht nur für die im BGB geregelten Vertragstypen, sondern ebenso für die atypischen Vereinbarungen im Recht der Kaufverträge oder Gebrauchsüberlassungen. Das Vorliegen eines Schuldverhältnisses ist nicht davon abhängig, in welchem Maße sich die Parteien zur Übernahme des im BGB vorgezeichneten Vertragsmodells entschließen. § 241 BGB setzt also nicht notwendig einen Leistungsanspruch voraus, sondern fordert lediglich das Vorliegen einer vertraglich begründeten Leistungsbeziehung. Wie der Typus des Schenkungsvertrages zeigt, genügt für die Annahme eines schuldrechtlichen Vertrages sogar die Vereinbarung einer causa, die lediglich der Rechtfertigung einer Vermögensverschiebung dient[61]. Damit aber ergibt sich die Notwendigkeit, den Begriff des Schuldverhältnisses für jene Fälle, die primäre Lei-

---

[59] Vgl. unten Anm. 64 S. 95.

[60] Die in der Literatur verbreiteten Definitionen des Schuldverhältnisses vermögen daher nur einen Teil der tatsächlich vorkommenden schuldrechtlichen Verträge zu erfassen. Sie schließen sich in der Regel eng an die Legaldefinition des § 241 BGB an (vgl. *Larenz* I S. 4; *Esser*, Schuldrecht, 3. Aufl., I S. 12; *Ermann* Einleitung vor § 241 BGB Nr. 2; *Staudinger-Weber*, Einleitung vor § 241 BGB, Rd.-Nr. C 2: „... eine klare Sache..."; *Enneccerus-Lehmann*, Schuldverhältnisse S. 1 ff.). Die Bemühungen um ein weitergehendes Verständnis des schuldrechtlichen Vertrages konzentrieren sich darauf, die neben den primären Leistungspflichten bestehenden Rechtsbeziehungen aufzuzeigen (vgl. unten Anm. 65, S. 95). Nicht bewältigt wurde bislang von der h. L. die Aufgabe, die so außerordentlich häufigen realen Vertragsformen, deren Bedeutung Hugo *Kreß* so nachdrücklich herausgehoben hat (vgl. oben Anm. 5 S. 46), in die Definition des Schuldverhältnisses einzugliedern. Entgegen den in der Literatur vorherrschenden zu engen Begriffsbestimmungen wird man daher mit Kreß (Allg. Schuldrecht S. 83) betonen müssen, daß häufig „... nach den Absichten der Vertragsschließenden die Leistung nicht versprochen, sondern sofort bewirkt werden (soll); dann entsteht das Schuldverhältnis noch nicht mit der Einigung über Leistung und Zweck, sondern erst mit der Realisierung der Leistung...".

[61] Zum Begriff der causa vgl. insbes. Harm Peter *Westermann*, Die causa im französischen und deutschen Zivilrecht (Berlin 1967).

stungspflichten nicht vorsehen, neu zu formulieren. Auszugehen ist dabei von der unverzichtbaren Grundlage jeder schuldrechtlichen Beziehung, der Leistung. Da die Parteien aber keinen Anspruch auf die Leistung vereinbaren, geht es ihnen lediglich um die Rechtfertigung der tatsächlich erbrachten Leistung. Die Notwendigkeit dieser Abrede ergibt sich aus den §§ 812 ff. BGB. Damit ist zugleich gesagt, daß jene real bewirkten Leistungen, die sich einer Kondiktion prinzipiell entziehen, einer Abrede über den Rechtsgrund entbehren. Auf nicht vermögenswerte Leistungen kann zwar ein Anspruch begründet werden. Ist das nicht geschehen, braucht die Abrede der Parteien keinerlei rechtliche Elemente zu enthalten, da nur vermögenswerte Leistungen kondiziert werden können[62].

Mit dieser nicht zu umgehenden Auslegung des § 241 BGB werden die rechtlich bedeutsamen Leistungsbeziehungen im Begriff des Schuldverhältnisses aufgefangen. Es ergibt sich freilich die Konsequenz, daß eine große Anzahl „klassischer" nicht rechtsgeschäftlicher Vereinbarungen als schuldrechtliche Beziehungen zu qualifizieren sind. Aber dieses Ergebnis ist sachlich gerechtfertigt. Die Leihe eines Opernglases, die unter Nachbarn geleistete Nachbarschaftshilfe und in den meisten Fällen die Gefälligkeitsfahrt enthalten Leistungen, die auch dann von obligationsrechtlicher Bedeutung sind, wenn ein primärer Leistungsanspruch nicht vereinbart wurde. In allen derartigen Fällen wird in einverständlichem zweckhaften Wollen eine causa der Leistung vereinbart. Das gilt nicht nur für die zeitweilige oder endgültige Überlassung von Sachen, sondern auch für die Leistung von Diensten. Das im BGB geregelte Vertragsmodell der Schenkung kann als Vorbild für die Beurteilung anderer Kausalvereinbarungen dienen[63]. So eröffnet sich die Möglichkeit, die in den erörterten Fällen nicht selten geforderte Bejahung vertraglicher Schutzpflichten systemgerecht zu begründen.

---

[62] Die Notwendigkeit einer Abrede über den Rechtsgrund für die Mehrzahl der in der Literatur erörterten typischen Fälle ist nur selten beachtet worden. Vgl. aber Heinrich *Lehmann*, Allg. Teil des Bürgerlichen Gesetzbuches (15. Aufl. Berlin 1960) S. 141: „Man spricht von reinen Gefälligkeitsverträgen, die keine Verpflichtung zu der übernommenen Leistung erzeugen, sondern nur das Handeln des Empfängers rechtmäßig machen und der Leistung einen Rechtsgrund geben sollen, der den Bereicherungsanspruch ausschließt."

[63] Hier ergibt sich vor allem die Möglichkeit, auch die Anwendung des § 521 BGB auf die Vereinbarung einer Gefälligkeitsfahrt systemgerecht zu begründen, ohne eine vertragliche Haftungsbeschränkung fingieren zu müssen. Da die Gefälligkeitsfahrt regelmäßig mit einer Absprache über die Rechtmäßigkeit der Kraftfahrzeugbenutzung verbunden ist, enthält sie die Vereinbarung einer causa für die vom **Kraftfahrzeugführer** erbrachte Leistung. Ein solcher Vertrag entspricht dem Modell des Rechtsgeschäfts Schenkung. Daher wird § 521 BGB auch analog anzuwenden sein, es sei denn, die Parteien treffen tatsächlich eine andere Vereinbarung über die Haftung. Angesichts der nicht zu leugnenden Willenseinigung der Parteien

II. Die Bewertung nicht rechtsgeschäftlicher Vereinbarungen

Damit ist neben der Vereinbarung primärer Leistungsansprüche und der Abrede über einen Rechtsgrund ein letzter Gesichtspunkt zu nennen, der die Annahme eines Schuldverhältnisses rechtfertigt. In neuerer Zeit sind immer wieder die das Schuldverhältnis begleitenden sekundären Vertragspflichten betont worden. Nach *Larenz*[64] haben vor allem Wolfgang *Thiele*[65] und Claus Wilhelm *Canaris*[66] eine Systematik der Schuldverhältnisse begründenden Schutzpflichten herauszuarbeiten versucht und den Leistungspflichten gegenübergestellt[67]. Derartige Ver-

---

erscheint es mir völlig ausgeschlossen, hier von einer „faktischen" Gefahrübernahme zu sprechen, wie dies *Beitzke* MDR 58, S. 678 vorschlägt. Kann die Fiktion eines Haftungsausschlusses nicht befriedigen, so erst recht nicht die Konstruktion faktischer Verträge, wo ganz konkrete Vereinbarungen vorliegen. Vgl. dazu unten S. 101. Einer Begründung der Haftungsmilderung aus § 242 BGB bedarf es nicht, wie das OLG Oldenburg DAR 1956, 296 und eine in der Literatur häufig vertretene Lehre will (vgl. *Geigel*, JZ 1951, 590; *Wangemann*, NJW 1955, 85; ders. MDR 56, 387; *Böhmer*, VersR. 1957, 205; ders. MDR 1958, S. 77). Eine „gesetzliche" Begründung des Haftungsausschlusses wird angestrebt, weil der Leistungsempfänger bei der Gefälligkeitsfahrt häufig noch minderjährig ist und daher zu einem rechtsgeschäftlichem Haftungsausschluß ohne Zustimmung des gesetzlichen Vertreters nicht befähigt. Man muß sich jedoch fragen, ob es unter Berufung auf § 242 BGB zulässig sein kann, den Schutz des Minderjährigen — der allerdings vom Gesetz gefordert wird — einzuschränken! Nach unseren obigen Überlegungen geht es bei der Gefälligkeitsfahrt nicht um das isolierte Problem der Gefahrübernahme, sondern um einen schuldrechtlichen Vertrag, der alle Merkmale des Rechtsgeschäfts aufweist, s. unten S. 101.

[64] Schuldrecht I S. 9. Vgl. ferner den Katalog sekundärer Vertragspflichten bei Esser a.a.O. S. 26 ff.

[65] JZ 1967, S. 649 ff.

[66] JZ 1965, S. 475 ff.

[67] *Thiele* a.a.O. hebt mit Recht die selbständige Bedeutung der reinen Schutzpflichten hervor, gelangt aber in dem Bemühen, die Fälle der culpa in contrahendo (vgl. Anm. 20 S. 57) ebenso wie Schutzpflichtverletzungen im Rahmen eines „Gefälligkeitsverhältnisses" auf eine gemeinsame Grundlage zurückzuführen, zu einer nicht mehr akzeptablen Ausweitung des Schuldverhältnisses. Im Gegensatz zu den oben angestellten Überlegungen verzichtet Thiele für das zutreffend als Schuldverhältnis charakterisierte Schutzpflichtverhältnis völlig auf das Element der vertraglichen Abrede. Er läßt „einen tatsächlichen sozialen Vertrauenskontakt... unabhängig von einem rechtswirksamen Leistungsverhältnis" genügen (a.a.O. S. 654). Mit dieser Formulierung wird eine solche Fülle oberflächlichster gesellschaftlicher Kontakte im Begriff des Schuldverhältnisses eingefangen, daß man den Nutzen des erreichten Systematisierungseffektes nur schwer einzusehen vermag. Weite Bereiche des sozialen Verkehrs beruhen auf dem Vertrauen, das in irgendwelche Kontakte tretende Personen einander entgegenbringen. Wer einen privaten Besuch macht, vertraut darauf, daß etwaige Gefahrenquellen — ein defekter Ofen, ein bissiger Hund — ausgeschaltet worden sind. Ähnliche Überlegungen lassen sich selbst am Beispiel des Straßenverkehrs anstellen (so schon mit Recht *Larenz* MDR 1954, S. 517). Wenn demgegenüber *Thiele* mit Nachdruck auf die Notwendigkeit einer „Sonderverbindung" hinweist (a.a.O. S. 651 f.), dann muß er sich entgegenhalten lassen, daß mit einem derartig abstrakt gefaßten Begriff die Eliminierung der eigentlich gemeinten Fälle nicht zu leisten ist. Worin soll das Kriterium für die Unterscheidung der erwähnten privaten Besuche, die sich ohne Zweifel als „Sonderverbindung" beschreiben lassen, von den rechtlich rele-

träge, die ausschließlich gewisse Schutz- und Treuepflichten begründen, werden nicht selten auch dann zu beobachten sein, wenn nach all den bisher erörterten Kriterien ein Schuldverhältnis nicht gegeben wäre. Schließen die Parteien die Leistungspflicht aus, so ist damit noch nicht gesagt, daß nach Sinn und Zweck ihrer Abrede auch die sekundären Vertragspflichten derogiert sein sollen. So ist es durchaus möglich, daß im Bereich der auftragsähnlichen Beziehungen bei erheblichem, nicht vermögenswertem Interesse bestimmte Sorgfaltspflichten beobachtet werden sollen. Wer sich bereit erklärt, ein Paket zur Post zu bringen, mag die Vereinbarung einer Leistungspflicht abgelehnt haben. Der Auftraggeber kann keinen Schadensersatzanspruch geltend machen, wenn der Beauftragte das Paket unverrichteter Dinge wieder zurückbringt. Aber der Beauftragte ist verpflichtet, mit dem übergebenen

---

vanten Kontakten liegen? Die Antwort kann nur lauten: in der konkreten Parteiabrede. Im Rahmen der von Thiele gemeinten „Sonderverbindungen" finden sich eben — von den gerade deswegen nicht hierher gehörenden Fällen der c. i. c. abgesehen — regelmäßig Absprachen über den Zweck und den Inhalt des angebahnten Kontaktes. Und diesem vom Parteiwillen getragenen Zweck der Vereinbarung sind auch unmittelbare Hinweise auf die Schutzpflichten der Parteien zu entnehmen, soweit diese sich darüber nicht ausdrücklich erklären. Dem Vorwurf, daß damit ein nicht vorhandener Parteiwille fingiert werde, ist entgegenzuhalten, daß der von den Vertragspartnern verfolgte konkrete Zweck in seiner sozialen Typizität notwendig Willenselemente rechtlichen Inhalts einschließt. Zu Fiktionen muß dagegen eine zwangsläufig weit gefaßte Definition „gesetzlicher" Schutzpflichten führen, die sich in Wirklichkeit an der jeweiligen Vereinbarung orientieren. Die Frage nach dem Parteiwillen und dem von den Parteien angestrebten Zweck entspringt nicht einem doktrinären Verständnis unserer Zivilrechtsordnung, sondern der Erkenntnis, daß nur eine subtile Betrachtung des im Vertrag verkörperten Sinnganzen der den Vertragspartnern nun einmal gegebenen Gestaltungsfreiheit entspricht. Die Herausarbeitung eines an faktischen Gegebenheiten orientierten Systems gesetzlicher Schuldverhältnisse widerspricht nicht nur den grundlegenden Intentionen unserer Rechtsordnung, sondern auch der tatsächlichen Vielfalt des sozialen Zusammenlebens. — Im Ergebnis möchte ich einer von Thiele (a.a.O. S. 652 f.) vorgeschlagenen Fallösung zustimmen, wonach die einen Industriebetrieb besichtigenden Professoren und Studenten aus dem Gesichtspunkt der Schutzpflicht im Schadensfall einen vertraglichen Schadensersatzanspruch gegen den Unternehmer haben. Jedoch ergibt sich diese Rechtsfolge nicht aus der Tatsache, daß sich „eine bestimmte Gruppe bestimmbarer Einzelpersonen in einer Weise gegenüber(steht), die ihren Kontakt aus dem mehr zufälligen und flüchtigen Nebeneinander der deliktischen Begegnung heraushebt", sondern weil die Besucher davon ausgehen, daß der Unternehmer sie vor den typischen Gefahren seines Betriebes abschirmen werden, der Unternehmer sich über diese Erwartung im klaren ist und dennoch dem Besuch zustimmt. Das aber genügt zur Annahme einer vertraglich vereinbarten Schutzpflicht, ohne daß jemals ein Anspruch auf Durchführung der Besichtigung zur Diskussion stand. Ähnliche Einwände gelten gegenüber der Konzeption von *Canaris* (a.a.O. S. 478 ff.). Die zutreffende Unterscheidung von Leistungs- und Schutzpflichten darf nicht dazu führen, für die strukturell anders gearteten Schutzpflichten ohne Ausnahme die gesetzliche Grundlage des § 242 BGB zu postulieren (a.a.O. S. 479). — Unentschieden hinsichtlich der rechtlichen Qualität der im Rahmen von „Gefälligkeitsverhältnissen" anzutreffenden Schutzpflichten *Lehmann*, Allg. Teil S. 142: „gesetzliche, vertragsähnliche Fürsorgepflicht".

II. Die Bewertung nicht rechtsgeschäftlicher Vereinbarungen

Paket sorgfältig zu verfahren. Eine Verletzung dieser Pflicht hat vertragliche Schadensersatzhaftung zur Folge. In großem Umfang werden sich Verträge mit sekundären Vertragspflichten unter den nicht rechtsgeschäftlichen Vereinbarungen des wirtschaftlichen Lebens finden. Das gentlemen's agreement sieht in den meisten Fällen eine Dauerbeziehung zwischen den Vertragspartnern vor, die eine Verpflichtung zu gegenseitiger Rücksichtnahme umfaßt. Das Fehlen primärer Leistungsansprüche berührt diese vertraglichen Pflichten der Parteien nicht, wie das Urteil des BGH zur Vereinbarung einer Meistbegünstigungsklausel zeigt[68]. Auch hier haben wir es also mit echten Schuldverhältnissen zu tun. Die vom BGH geforderte Anwendung schuldrechtlicher Prinzipien entspricht bei richtiger Auslegung des Gesetzes also durchaus der zivilrechtlichen Systematik. Die durch den Vertragsschluß geschaffene Beziehung zwischen den Parteien ist auch dann schuldrechtlicher Natur, wenn die sachliche Eigenart der getroffenen Absprache Schutzpflichten enthält[69].

Die Besinnung auf den Grundgedanken des § 241 BGB ermöglicht auch eine systemgerechte Lösung der neuerdings von *Flume* unter dem Begriff der „Garantenstellung" zusammengefaßten Fälle[70]. Flume geht vom Beispiel einer gemeinsamen Bergwanderung aus und meint, es besteht eine „gegenseitige rechtliche Hilfspflicht", „weil die Beteiligten nun einmal gemeinsam die Bergwanderung unternommen haben". Diese Hilfspflicht geht nach Flume über den Rahmen der §§ 823 ff. BGB hinaus. Sie besteht „gegenüber dem anderen, mit dem man gemeinsam die Wanderung macht. ,Der andere' hat einen Anspruch im Sinne von § 241 auf Hilfe". Verletzungen dieser Hilfspflicht ziehen Schadensersatzansprüche wegen Nichterfüllung nach sich. Flume begründet die Anwendbarkeit des § 241 BGB allein mit der Tatsache des gemeinschaftlichen Unternehmens. Hinzu tritt der Gedanke der Garantenstellung — offensichtlich orientiert an den gefährdeten Rechtsgütern Leben und Gesundheit. Diese Argumentation entspricht nur insoweit der Systematik des § 241 BGB, als die Haftung zunächst aus dem Vertragsgedanken abgeleitet wird. Da die Parteien einen Vertrag geschlossen haben,

---

[68] Vgl. oben Anm. 53 S. 88.

[69] Die hier entwickelte Systematik des schuldrechtlichen Vertrages unterscheidet sich von den „Intensitätsstufen der Abreden", auf die *Reuss* (vgl. Anm. 12 S. 12) hingewiesen hat, insofern wesentlich, als dieser ausschließlich auf das Forderndürfen der Leistung abstellt und „unterhalb" des Leistungsanspruchs verschiedene Stufen geringerer Verpflichtungsgrade — Gefälligkeitsverhältnisse, Naturalobligationen, sittliche Pflichten, usw. — zu unterscheiden versucht. Dieses Verfahren scheint mir die wichtige Tatsache zu verdunkeln, daß der vertragliche Leistungsanspruch scharf gegenüber allen anderen Formen des Verpflichtetseins abzusetzen ist, andererseits Abreden ohne Vereinbarung eines primären Leistungsanspruchs aber häufig rechtlich relevante Absprachen ganz anderer Qualität enthalten.

[70] a.a.O. S. 84 ff.

sollen sie auch nach Vertragsrecht haften. Nirgends im Gesetz hat sich aber der Gedanke niedergeschlagen, daß die Gefährdung der beteiligten Interessen ein schuldrechtliches Gebilde zu konstruieren vermag. Die Interessen lassen sich aus ihren sozialen Bezügen nicht herauslösen. Flume erkennt dies auch durchaus an und schränkt die Garantenstellung für den familiären und gesellschaftlichen Bereich wieder ein. Wenn er aber schon zugesteht, daß im Falle der Jagdeinladung § 241 BGB nicht anwendbar ist, dann wird nach Flumes eigenen Überlegungen deutlich, daß primär stets danach zu fragen ist, ob die soziologischen Gegebenheiten die Annahme eines Schuldverhältnisses überhaupt gestatten. Die Jagdeinladung ist kein Schuldverhältnis, weil sie als eine typische Form gesellschaftlichen Lebens Leistungspflichten nicht enthalten kann. Und auch die Bergwanderung kann je nach den begleitenden Umständen nicht anders als ein Spaziergang Ausdruck gesellschaftlicher Beziehungen sein, solange mit der Ausdehnung und Planung des Unternehmens nicht gesellschaftsrechtliche Momente hinzutreten. Die typischen Vereinbarungen des gesellschaftlichen und familiären Bereichs berühren nicht selten wichtige Rechtsgüter, wie die Jagdeinladung zeigt. Steht die zu beurteilende Vereinbarung aber außerhalb dieser engsten gesellschaftlichen oder familiären Sphäre, ist danach zu fragen, ob nach dem objektiven Sinn der Abrede sekundäre Vertragspflichten begründet werden sollten. Das ist für eine Bergwanderung zu bejahen. Regelmäßig werden die Vertragspartner beabsichtigen, sich in Notfällen gegenseitig Hilfe zu leisten. Daß es sich dabei um Rechtspflichten handelt, setzt allerdings eine Vereinbarung voraus, die in der bereits erörterten Weise gesellschaftsrechtliche Elemente aufgenommen hat. Willenseinigungen, die nur Ausdruck gesellschaftlichen oder familiären Handelns sind und keine Leistungsbeziehung im oben erörterten Sinn, können auch sekundäre Vertragspflichten nicht vorsehen[71]. Schon *Dewitz* hatte auf einige Situationen hingewiesen[72], die Flumes Beispiel von der Bergwanderung recht nahekommen. Geht A mit dem kurz-

---

[71] Aus diesem Grunde kann ich *Fikentscher* a.a.O. S. 31 nicht folgen, der den Jagdherrn bei fahrlässiger Verletzung des Jagdgastes aus Vertrag haften läßt, da der Veranstalter gegenüber seinen Gästen vertragliche Schutzpflichten übernommen habe. Ist der gesamte Vorgang als eine typische Form gesellschaftlich-unverbindlichen Handelns der parteiautonomen Rechtsgestaltung entzogen, dann kann auch der Vereinbarung sekundärer Vertragspflichten keine Wirksamkeit zugesprochen werden. Die einem Handeln im sozialen Verkehr zugesprochene Unverbindlichkeit erfaßt notwendig die ganze Vereinbarung. Dieser Grundsatz kann auch keine Ausnahme erleiden, wenn eine derartige objektiv unverbindliche Vereinbarung die Gefährdung der Teilnehmer mit sich bringt. Solche Vorgänge sind außerordentlich häufig. Man denke nur an das Abschießen von Böllern oder Raketen auf einer Sylvesterparty oder die Einladung zu einer Bootsfahrt am Sonntagnachmittag. Eine vertragliche Haftung ist hier völlig ausgeschlossen, weil Rechtspflichten nicht vereinbart werden *können*.

[72] a.a.O. S. 45.

II. Die Bewertung nicht rechtsgeschäftlicher Vereinbarungen

sichtigen B spazieren und erkennt er ohne den B zu warnen ein Hindernis, das diesen wirklich zu Fall bringt und verletzt, soll A für den Schaden nach Vertragsrecht haften. Die gleiche Rechtsfolge nimmt Dewitz an, wenn B sein Fahrrad auf der Straße stehen läßt, um ein Haus zu betreten, A erklärt, warten zu wollen und während der Abwesenheit des B unter den Augen des A C das Fahrrad stiehlt. In beiden Fällen kann der gemeinsame Spaziergang nicht vertragliche Haftungsgrundlage sein, weil von einer Forderungsverletzung keine Rede sein darf, wo eine Leistungsbeziehung nicht vorliegt. Anders ist der erste Fall natürlich zu beurteilen, wenn A angesichts der Behinderung des B die Richtung des gemeinsamen Weges bestimmen mußte. Im zweiten Fall haftet A nur dann aus Vertrag, wenn zwischen ihm und B ein Auftragsverhältnis zustande gekommen ist. Der Begriff der „Rechtspflicht aus Garantenstellung" enthält keine neue vertragliche Haftungsgrundlage[73].

Die vertragliche Haftung setzt ein Schuldverhältnis voraus. Wann ein solches vorliegt, sagt § 241 BGB. Wenn sich daneben die Haftung aus culpa in contrahendo entwickelt hat, so nur deshalb, weil die Aufnahme von Kontakten, die zu einem Vertrag führen sollen, der Interessenslage zweier Vertragspartner schon stark ähnelt. Keinesfalls ist es aber zulässig, nach Bedarf die Existenz „gesetzlicher" Schuldverhältnisse zu behaupten, die dann nach Vertragsrecht behandelt werden. Wenn Flume der deliktischen Haftung „die Verletzung einer konkreten Verpflichtung gegenüber ‚einem anderen'" gegenüberstellt[74], dann muß er sich die Frage entgegenhalten lassen, worin diese „konkreten Verpflichtungen" bestehen sollen, wenn eine Leistungsbeziehung nicht ersichtlich ist. Es ist methodisch bedenklich, diese sehr konkrete Grundlage des Vertragsrechts zu verlassen, ohne eine andere auch nur in

---

[73] Erwähnt zu werden verdient auch, daß die in der Rechtsprechung zu den unechten Unterlassungsdelikten im Strafrecht entwickelten Fälle der Garantenstellung für das Zivilrecht keine spezifischen Probleme aufwerfen. In den meisten Fällen, insbesondere wenn sich die strafrechtliche Garantenstellung aus einem besonderen Vertrauensverhältnis oder der Gewährschaft für ein Rechtsgut ergibt, werden vertragliche Haftungsgrundlagen vorhanden sein. Ist der Vertrag aber unwirksam, wäre es absurd, wegen der Bedeutung des betroffenen Rechtsgutes dennoch eine vertragliche Haftung konstruieren zu wollen. Vollends sind die Fälle der Ingerenz wenig geeignet, Anschauungsmaterial für eine vertragliche Haftung aus der Garantenstellung zu liefern. Die Lebensgefahr auslösende Körperverletzung oder die Alkoholausgabe durch den Gastwirt können entweder überhaupt nicht oder eben nur auf der Basis eines tatsächlich geschlossenen Vertrages zur Anwendung des § 241 BGB führen.
[74] a.a.O. S. 85. Ebenso mit Nachdruck Thiele, JZ 1967, S. 652. Der Hinweis auf die in „echten" gesetzlichen Schuldverhältnissen, z. B. im Eigentümer-Besitzer-Verhältnis bestehenden Schutzpflichten ist aber solange ohne Überzeugungskraft, wie nicht die Begründung neuer „gesetzlicher" Schuldverhältnisse methodisch einleuchtend gerechtfertigt werden kann.

Umrissen erkennbare Systematik des vertraglichen Haftungsrechts aufzuzeigen.

III. Konseqenzen für den Begriff des Rechtsgeschäftes

Die nicht rechtsgeschäftliche Vereinbarung umfaßt begrifflich jene Handlungen, denen die Qualität des Rechtsgeschäfts nicht zugesprochen werden kann. Eine Untersuchung der nicht rechtsgeschäftlichen Verhaltensformen muß folgerichtig zu einer negativen Abgrenzung des Rechtsgeschäfts führen. Die Grenzen des nicht rechtsgeschäftlichen Handelns bestimmen auch den Begriff des Rechtsgeschäfts.

Die vorstehenden Untersuchungen wurden freilich unter einer Voraussetzung begonnen, die im Verlauf der Arbeit mehr und mehr fragwürdig werden mußte. Das Begriffspaar Rechtsgeschäft und nicht rechtsgeschäftliche Vereinbarung wurde zunächst als rechtsdogmatische Basis verstanden, war dann jedoch zu einer Arbeitshypothese zu reduzieren und wird nunmehr auf seine Realität zu befragen sein. Welche Bedeutung kommt dem Begriff der nicht rechtsgeschäftlichen Vereinbarung zu, wenn im Bereich der ihm regelmäßig zugeordneten Fallgestaltungen Abreden rechtlichen Inhalts nicht nur möglich, sondern auch außerordentlich häufig sind? Und was besagt umgekehrt die Tatsache, daß die Parteien das Anspruchsgefüge der traditionellen Rechtsgeschäfte weitgehend abwandeln und bis zur Ununterscheidbarkeit dem Rechtsgehalt nicht rechtsgeschäftlicher Vereinbarungen annähern können[75]? Worin besteht also die „Rechtsgeschäftlichkeit" einer Vereinbarung? Kann der Rechtsgeschäftsbegriff auf bestimmte Figurationen des Vertrages — etwa die Vereinbarung eines Leistungsanspruchs — beschränkt werden?

Die Frage nach den im einzelnen Fall von den Parteien getroffenen Abreden verwirrt offensichtlich die scheinbar so einfach zu beschreibende Kategorie des Rechtsgeschäfts. Da auch die nicht rechtsgeschäftliche Vereinbarung rechtserhebliche Abreden enthalten kann, ist die Klärung der Abgrenzungsfrage schließlich nur von einer kritischen Analyse des Rechtsgeschäftsbegriffs zu erwarten. Dabei kann davon ausgegangen werden, daß im modernen Verständnis des rechtsgeschäftlichen Handelns dem Prinzip der Selbstbestimmung eine entscheidende Bedeutung beigemessen wird. Das Rechtsgeschäft ist Ausdruck der den Parteien im Rahmen der Rechtsordnung gewährten Privatautonomie schlechthin[76]. Welche Rechtsfolge vereinbart wird, ist für die begriffliche Erfassung des Rechtsgeschäfts völlig gleichgültig. Es ist also aus-

---

[75] Vgl. oben S. 44 ff.
[76] Vgl. unten die Definitionen in Anm. 80 u. 81.

III. Konsequenzen für den Begriff des Rechtsgeschäftes

geschlossen, den Leistungsanspruch als die zwar reguläre, keineswegs aber notwendige Form rechtsgeschäftlichen Handelns zum Kriterium des Rechtsgeschäfts zu erheben. Ebensowenig ist es erlaubt, unter den Gestaltungsmöglichkeiten des Vertrages solche auszuscheiden, deren geringe rechtliche Bedeutung die Charakterisierung als Rechtsgeschäft zunächst wenig gerechtfertigt erscheinen läßt. Innerhalb der vertragliches Recht schaffenden Abreden läßt sich keine Grenze zwischen Rechtsgeschäft und nicht rechtgeschäftlicher Vereinbarung ziehen. Solange der Vertrag einen spezifisch rechtlichen Erfolg herbeiführen will — und sei es auch nur mit der Einigung über den Rechtsgrund einer vorübergehenden oder endgültigen Vermögensverschiebung —, ist er ein Stück privatautonome Gestaltung der Rechtswirklichkeit.

Diese Konsequenz ergibt sich auch aus dem korrespondierenden Begriff der Geschäftsfähigkeit. Wollte man den Rechtsgeschäftsbegriff für den Bereich des Schuldrechts auf verpflichtende Verträge beschränken, so müßte folgerichtig alle anderen Leistungsvorgänge auch der Geschäftsunfähige wirksam durchführen können. Dieses Ergebnis wird aber niemand billigen können. Die Fähigkeit, Rechtswirkungen herbeizuführen[77], ist nicht nur Voraussetzung für die Begründung eines Leistungsanspruchs, sondern ebenso für die eine real erbrachte Leistung rechtfertigende Abrede. Wenn der Geschäftsunfähige oder nur beschränkt Geschäftsfähige vermögenswerte Leistungen erbringt, erwirbt er einen Kondiktionsanspruch gegen den Leistungsempfänger auch dann, wenn er aus Gefälligkeit handelte. Ebensowenig wie der Minderjährige in seinem Eigentum stehende Gegenstände an Dritte verschenken kann, ist es ihm möglich, Rechtsgrundabreden über die von ihm aus Gefälligkeit erbrachten Dienstleistungen zu treffen. Es wäre eine völlig willkürliche Einschränkung des dem nicht voll Geschäftsfähigen von der Rechtsordnung gewährten Schutzes, wollte man behaupten, Gefälligkeitshandlungen könne der Minderjährige oder Geschäftsunfähige auch dann wirksam vornehmen, wenn sie zu einer Bereicherung eines Dritten führen. Will man diesen Konsequenzen entgehen, wird sich die Rechtsgeschäftlichkeit vieler „aus Gefälligkeit" getroffenen Vereinbarungen nicht leugnen lassen.

Die unausweichliche, wenn auch vorerst befremdende Konsequenz ist die Erkenntnis, daß eine Fülle bisher als nicht rechtsgeschäftlich bezeichneter Vereinbarungen dem rechtsgeschäftlichen Handeln zuzuordnen ist. Nicht rechtsgeschäftlicher Natur sind nur jene Vereinbarungen, die keinerlei Absprachen rechtlichen Inhalts zum Gegenstand haben. Das gilt etwa für die Vereinbarung eines Spaziergangs, die Einladung, an einem Essen teilzunehmen, ferner für die bloße Ver-

---

[77] *Enneccerus-Nipperdey*, Allg. Teil I, 2, S. 927; Larenz, Allg. Teil, S. 139.

neinung disponibler vertraglicher Rechte, etwa die Abrede, für ein Verhalten keine Vergütung zu verlangen. Aber schon die Einigung über den Verzehr der Speisen enthält insofern ein rechtsgeschäftliches Element, als zur Vermeidung der gesetzlichen Rechtsfolge des § 812 BGB eine causa vereinbart werden muß.

Um das Zentrum des Rechtsgeschäftsbegriffs, die autonome Selbstbestimmung der Parteien, lagert sich also ein Kreis verschiedenartigster, den Parteien zur Verfügung stehender Rechtsfolgen[78]. Der Wille zum rechtsgeschäftlichen Handeln artikuliert sich in jeder Vereinbarung in einer ganz konkreten und variablen Form. Es ist keine abstrakt zu bestimmende Größe, sondern bezieht sich stets auf die durch den Vertrag in mannigfaltiger Weise zu gestaltende Realität. Wesentlich ist nun, daß dem konkreten Wollen der Parteien die Rechtsordnung gegenübertritt und ein Werturteil über die rechtliche Möglichkeit der Willensinhalte trifft. Die Rechtsordnung entscheidet, ob der konkrete Wille der Parteien den äußeren Tatbestand des Rechtsgeschäfts erfüllt. Diese Wertung obliegt nicht den Parteien. Sie ist allein dem objektiven Recht zu entnehmen. Mit diesen Überlegungen wird der klassische Rechtsgeschäftsbegriff der Motive nicht verlassen. Dort wurde in ganz eindeutiger Weise dem „Spruch der Rechtsordnung" eine entscheidende Funktion beigemessen[79]. Dieses Merkmal des Rechtsgeschäftsbegriffs ist in den älteren Darstellungen der Rechtsgeschäftslehre noch deutlich gegenüber dem Moment der privatautonomen Rechtsgestaltung hervorgehoben worden[80]. Im Laufe der vergangenen Jahrzehnte ist jene Formulierung der Motive jedoch mehr und mehr in den Hintergrund gerückt. Unverhältnismäßig betont wurde demgegenüber der in den Motiven vorangehende Satz, wo davon die Rede ist, daß der recht-

---

[78] Zum folgenden siehe oben S. 33 ff.
[79] Vgl. oben Anm. 14 S. 13.
[80] Vgl. Heinrich *Dernburg*, Die allgemeinen Lehren des bürgerlichen Rechts des Deutschen Reiches und Preußens, Halle 1902, S. 330: „Im Bereich des bürgerlichen Rechtes sind Rechtsgeschäfte die privaten Willenserklärungen, welche bezwecken und an sich *geeignet* sind, private Rechtsverhältnisse hervorzurufen." A. v. *Thur*, Allg. Teil II, 1, S. 145 f.: „Die Wirkung des Rechtsgeschäftes, wie jeder juristischen Tatsache beruht auf der Sanktion des Gesetzes; da aber das Gesetz die Wirkung des Rechtsgeschäfts dem erklärten Willen der Parteien gemäß gestaltet, so kann man diesen Willen als die konkrete Ursache des rechtsgeschäftlichen Erfolges bezeichnen..." Diese letztere Folgerung wird verständlich, wenn man berücksichtigt, daß v. Thur die von einer Willensäußerung hervorgebrachten rechtlichen Wirkungen auf „Begründung, Aufhebung oder Änderung eines Rechtsverhältnisses oder Rechts" (a.a.O. S. 144) beschränkt. Die gewollten Rechtsfolgen werden also konkret, nicht aber als Konsequenz der von den Parteien gewollten „Rechtserheblichkeit" bestimmt. *Cosack-Mitteis*, Lehrbuch des Bürgerlichen Rechts, Bd. 1, 8. Aufl. Jena 1927, S. 147: „Rechtsgeschäft heißt jede private Willensäußerung, durch die jemand den Eintritt einer dem bürgerlichen Recht angehörigen Rechtswirkung bestimmt."

III. Konsequenzen für den Begriff des Rechtsgeschäftes

liche Erfolg deswegen eintrete, „weil er gewollt ist"[81]. Damit wird das Wollen eines konkreten rechtlichen Erfolges mit dem Willen, diesem Erfolg Rechtscharakter zuzusprechen, identifiziert. Auf diese Weise erhalten die Parteien in Gestalt des sog. Rechtsfolgewillens die Macht, ein Urteil über die Rechtserheblichkeit ihres Handelns zu fällen. Die Anerkennung einer derartigen Willensintention muß jedoch zwangsläufig zu Schwierigkeiten führen, da das objektive Recht auf eine Wertung der Parteiabsprache nun einmal nicht verzichten kann. Die doppelte Bewertung eines Vertrages durch die Parteien und die Rechtsordnung ist widersinnig. Es sind also deutlich zwei Ebenen rechtlichen Wollens zu unterscheiden. Nicht der Wille, einem Vertrag rechtliche Qualität zu verleihen oder abzusprechen, ist zu beachten, sondern allein der „natürliche" Wille, der auf einen nach objektivem Recht rechtswirksamen oder rechtlich unerheblichen Erfolg zielt. Die Vereinbarung einer Gefälligkeitsfahrt erfüllt den Tatbestand eines Rechtsgeschäfts, weil die Parteien — in den Grenzen des § 812 BGB — die Kraftfahrzeugbenutzung nicht sine causa wollen. Die auf der Straße erteilte Auskunft erfüllt diesen Tatbestand nicht, weil der Zweck der Vereinbarung rechtserhebliche Abreden nicht erfordert. Vor allem die Schwierigkeiten bei der Behandlung der angeblich außerrechtsgeschäftlichen gentlemen's agreements werden beseitigt, wenn man zwischen den konkret gewollten Rechtsfolgen und dem nur der Rechtsordnung zu-

---

[81] Schon Carl *Crome*, System S. 320, formulierte: „Beim Rechtsgeschäft handelt es sich um eine Willensäußerung, durch welche eine Privatperson ihre Rechtsverhältnisse selbstthätig bestimmt." Nach *Flume* sind Rechtsgeschäfte „Akte schöpferischer Gestaltung von Rechtsverhältnissen mit finaler Bezogenheit des Akts auf das zu gestaltende Rechtsverhältnis" (a.aO. S. 33) und an anderer Stelle: „Danach besteht das ‚Wesen' der Willenserklärung in der schöpferischen Gestaltung von Rechtsverhältnissen in Selbstbestimmung und durch das In-Geltung-Setzen einer rechtlichen Regelung" (S. 49). Dieser Formulierung wird man nur zustimmen können, wenn die von den Parteien gewollte rechtliche Regelung als Gestaltung konkreter Rechtsfolgen im Sinne v. *Thurs* (II, 1, S. 144, vgl. die vorige Anm.) charakterisiert werden kann. Dann aber sprechen die Parteien ihrer Vereinbarung nicht rechtliche „Geltung" zu, sondern bedienen sich der per se „geltenden" Figurationen unserer Rechtsordnung. — Ähnliche Einwände gelten gegenüber der von Karl *Larenz* gegebenen Definition (Allg. Teil des Deutschen Bürgerlichen Rechts, München 1967, S. 316): „Unter einem ‚Rechtsgeschäft' versteht das BGB eine Handlung..., die darauf abzielt, eine privatrechtliche Rechtsfolge... herbeizuführen." Die Rechtsfolge trete nicht nur deswegen ein, weil die — allerdings notwendige — Anerkennung der Rechtsordnung hinzutrete, „sondern in erster Linie deshalb, weil derjenige, der diese Handlung vornimmt, die Rechtsfolge in der Regel damit herbeiführen will, weil sie von ihm bezweckt ist". Hier läßt sich nicht mehr klar erkennen, ob der Parteiwille noch *rechtsgestaltende* oder aber schon *rechtsschöpfende* Funktion hat. Das Begriffsmerkmal „Rechtsordnung" grenzt in dieser Definition lediglich den Anwendungsbereich der §§ 134 und 138 BGB aus. Auf diese Verbote aber läßt sich die Beziehung zwischen Wille und Rechtsordnung nicht reduzieren. — Vgl. ferner *Lehmann*, Allg. Teil S. 141, der jedoch die regulative Funktion der Rechtsordnung im Blick behält.

kommenden Urteil über die Rechtserheblichkeit des Vertrages unterscheidet.

Der Begriff des Rechtsgeschäftes baut sich also aus zwei wesentlichen Elementen auf, die scharf gegeneinander abzugrenzen sind. Es genügt nicht, auf das Prinzip der Privatautonomie hinzuweisen, wenn nicht gleichzeitig das Verhältnis des Gewollten zum objektiven Recht geklärt wird. Der natürliche, auf ein konkretes Ziel gerichtete Parteiwille und das von der Rechtsordnung zu fällende Werturteil verhalten sich zueinander wie Tatbestand und Rechtsfolge. Die Verwirklichung der tatbestandlichen Voraussetzungen ist Sache der Parteien. Die Feststellung der sich damit notwendig ergebenden Rechtsfolgen obliegt der Rechtsordnung. Der Geschäftswille der Parteien kann also auch dann rechtliche Intentionen in sich aufgenommen haben, wenn der Erklärende dies ausdrücklich leugnet. Wer eine zweckbestimmte Leistung erbringt, will einen Rechtsgrund für den Leistungsempfänger schaffen. Eine gegenteilige Erklärung des Leistenden ist irrelevant, da sie ein Urteil über die rechtliche Bedeutung der Absprache enthält. Es ist logisch ausgeschlossen, einen rechtlichen Erfolg zu wollen und gleichzeitig dessen tatsächlichen Charakter zu behaupten.

Erwähnt zu werden verdient, daß der natürliche, auf verschiedene konkrete Rechtsfolgen gerichtete Wille nicht verwechselt werden darf mit der wirtschaftlichen Absicht der Parteien. Die von der herrschenden Meinung nicht übernommene Theorie *Lenels*, August *Bechmanns* und anderer[82] betrachtete den „Parteizweck"[83], die „empirische Absicht"[84] als das subjektive Substrat des Rechtsgeschäfts schlechthin. Diese Auffassung übersieht, daß sich der Parteiwille im Rechtsgeschäft notwendigerweise den Handlungsformen des Rechts anbequemen muß. Sie ist Ausdruck einer, auch den Verfechtern des Rechtsfolgewillens durchaus nicht fremden, psychologisierenden Betrachtungsweise, die sich nicht genug daran tun konnte, den „wirklichen" Willen der Parteien zu erforschen. Zweifellos ist die wirtschaftliche Absicht der Parteien eine Realität, ebenso wie auch der Rechtsfolgewille im Sinne der herkömmlichen Lehre wirklich vorhanden sein kann. Aber das Rechtsgeschäft ist ein Gebilde der Rechtsordnung und aus ihr allein geht hervor, welche Willenselemente zur Herstellung rechtlicher Beziehungen erforderlich sind.

Das objektive Recht muß bei der Bewertung einer Vereinbarung somit vom juristischen Sinn des zutage getretenen Willensentschlusses

---

[82] O. *Lenel*, Parteiabsicht und Rechtserfolg, JherJB 19, 1881, S. 154—253; A. *Bechmann*, Der Kauf nach gemeinem Recht, Bd. II, 1, Erlangen 1884, S. 6 ff., 11 ff.; E. *Ehrlich*, Die stillschweigende Willenserklärung, Berlin 1893, S. 2 ff.; E. *Danz*, Die Auslegung der Rechtsgeschäfte, 3. Aufl., Jena 1911, S. 6 ff.
[83] *Lenel* a.a.O. S. 155 ff.
[84] *Bechmann* a.a.O. S. 11.

III. Konsequenzen für den Begriff des Rechtsgeschäftes

ausgehen. Es hat sodann den soziologischen Charakter des Vertrages ins Auge zu fassen, um die Grenzen oder die Reichweite des Parteiwillens zu ermitteln. Dabei ist auch den positiven Entscheidungen der Rechtsordnung, wie sie etwa in den §§ 134, 138, 242 BGB zum Ausdruck kommen, Rechnung zu tragen. Die rechtliche Relevanz der zunächst als nicht rechtsgeschäftlich bezeichneten Vereinbarungen besteht also in ihrer Rechtsgeschäftlichkeit, soweit die Parteien Abreden rechtlichen Inhalts getroffen haben. Nur dort, wo der den Parteien eingeräumten Rechtsmacht sachliche Grenzen gesetzt sind oder die Parteien rechtlich völlig irrelevante Abreden treffen, kann von rechtsgeschäftlichem Handeln nicht mehr die Rede sein. In allen anderen Fällen entspricht die gesetzliche Regelung auch der Interessenlage der Beteiligten, da sie einen rechtlichen Erfolg und nicht eine tatsächliche Veränderung der Außenwelt wollen.

Mit diesen Überlegungen drängt sich schließlich die Frage auf, welche Konsequenzen der hier vertretene Rechtsgeschäftsbegriff für die Beurteilung der zur Zeit im Mittelpunkt der Diskussion stehenden sog. Vertragsverhältnisse aus sozialtypischem Verhalten — Benutzung der Massenverkehrsmittel, der im Rahmen der Daseinsvorsorge angebotenen Leistungen etc. — erwarten läßt. Die Wissenschaft hat diese Verträge mit Hilfe der Lehre „protestatio facto contraria non valet"[85] oder dem Hinweis auf die verbindliche Kraft sozialtypischer Verhaltensweisen[86] zu lösen versucht. Demgegenüber hat neuerdings *Bydlinski* die wechselseitige Widerlegung beider Theorien behauptet[87]. Man wird davon ausgehen müssen, daß zwischen den Parteien jedenfalls ein Minimum an Willenseinigung besteht, das auch nach der Lehre vom sozialtypischen Verhalten kaum zu leugnen ist. Wer die Straßenbahn besteigt, um darin zu schlafen, dann jedoch unversehens auf einer Linienfahrt mitgenommen wird, kann schwerlich als Partner eines schuldrechtlichen Vertrages angesehen werden. „Sozialtypisches Verhalten" setzt also vertragliche Einigung über die Leistung voraus: der Verkehrsunternehmer will die Leistung erbringen, der Benutzer will sie in Anspruch nehmen. Die Typizität der begleitenden Umstände bewirkt lediglich, daß die mit der Inanspruchnahme der Leistung verbundene schlüssige Willenserklärung sich auch auf solche Vertragselemente erstreckt, die der Benutzer mit einer zusätzlichen Erklärung ablehnen will. Da die Willenserklärung in ihrem objektiven Erscheinungsbild zu würdigen ist, ergeben sich aus dem einer sozialen Typizi-

---

[85] *Flume* a.a.O. S. 75 f., 99; *Enneccerus-Nipperdey* a.a.O. I, 2, S. 952 u. 1017; Franz *Wieacker*, Willenserklärung und sozialtypisches Verhalten, Göttinger Festschrift für das OLG Celle 1961, S. 269.
[86] Vgl. *Larenz* o. Anm. 2 S. 9.
[87] a.a.O. S. 96 ff.

tät angeglichenen, willensbestimmten Verhalten die im typischen Fall gewollten Rechtsfolgen. Wenn darüberhinaus die mangelnde Bereitschaft zu zahlen ausdrücklich unterstrichen wird, dann liegt darin im Grunde nichts anderes als eine irrelevante Würdigung der Rechtslage. Besonders deutlich zeigt sich dies der vom BGH entschiedene Parkplatzfall[88]. Wenn der Parkplatzbenutzer erklärt, zur Zahlung einer Gebühr nicht verpflichtet zu sein, da angesichts des Gemeingebrauchs an öffentlichen Plätzen ein Vertrag nicht zustande kommen könne, dann enthält diese Erklärung eine unbeachtliche Bewertung eines Rechtsverhältnisses, die grundsätzlich das Zustandekommen eines Vertrages nicht verhindern kann. Und diesen Charakter einer wertenden Beurteilung des eigenen Verhaltens verliert die Willensäußerung des Parkplatz- oder Straßenbahnbenutzers auch dann nicht, wenn er lediglich die Übernahme einer Zahlungspflicht ablehnt. Immer versucht der Erklärende in diesen Situationen rechtliche Konsequenzen zurückzuweisen, die sich aus dem Zweck seines Handelns notwendigerweise ergeben. Es werden also nicht zwei sich widersprechende rechtsgeschäftliche Willenserklärungen abgegeben, die eine Verneinung des Verpflichtungswillens rechtfertigen würden. Erklärungen, die sich aus konkludentem Handeln ergebende Rechtsfolgen verhindern wollen, sind solange als unbeachtliche Werturteile zu verstehen, wie nicht gleichzeitig die schlüssige Verhaltensweise geändert wird. Auf dieser Grundlage hat der Satz: „Protestatio facto contraria non valet" seine volle Berechtigung. Der rechtsgeschäftliche Wille kann von einer Partei nicht verneint werden, wenn sie einen Rechtsfolgen inhärierenden Zweck anstrebt. Eine rechtsgeschäftliche Vereinbarung liegt notwendig immer dann vor, wenn eine Einigung über die Herbeiführung konkreter Rechtsfolgen erzielt worden ist.

---

[88] BGHZ 21, 319.

Printed by Libri Plureos GmbH
in Hamburg, Germany